谦卑领导力 团队与创新

HUMBLE LEADERSHIP AND TEAM INNOVATION

王 蕊 ◎著

中国财经出版传媒集团

经济科学出版社
Economic Science Press

·北京·

图书在版编目（CIP）数据

谦卑领导力与团队创新/王蕊著．--北京：经济
科学出版社，2024.5
ISBN 978 - 7 - 5218 - 5936 - 2

Ⅰ.①谦…　Ⅱ.①王…　Ⅲ.①企业领导学　Ⅳ.
①F272.91

中国国家版本馆 CIP 数据核字（2024）第 106520 号

责任编辑：刘　莎
责任校对：隗立娜
责任印制：邱　天

谦卑领导力与团队创新

QIANBEI LINGDAOLI YU TUANDUI CHUANGXIN

王　蕊　著

经济科学出版社出版、发行　新华书店经销
社址：北京市海淀区阜成路甲 28 号　邮编：100142
总编部电话：010 - 88191217　发行部电话：010 - 88191522
网址：www. esp. com. cn
电子邮箱：esp@ esp. com. cn
天猫网店：经济科学出版社旗舰店
网址：http：// jjkxcbs. tmall. com
固安华明印业有限公司印装
710 ×1000　16 开　14 印张　210000 字
2024 年 5 月第 1 版　2024 年 5 月第 1 次印刷
ISBN 978 - 7 - 5218 - 5936 - 2　定价：69.00 元
（图书出现印装问题，本社负责调换。电话：010 - 88191545）
（版权所有　侵权必究　打击盗版　举报热线：010 - 88191661
QQ：2242791300　营销中心电话：010 - 88191537
电子邮箱：dbts@ esp. com. cn）

序　言

20 世纪 70 年代以来，由于能源短缺和生态恶化导致工业危机日益严重，西方先后提出了"后工业社会""信息社会""第三次浪潮""知识经济时代"等社会发展思想，强调增长的核心价值不再是工业、科技或是信息，取而代之的是知识成为社会经济与生产的核心价值，德鲁克（1993）称之为"知识社会"（knowledge society）。全世界对知识获取和沟通需求的加剧，迫使企业对外部知识求知之若渴。企业不得不求助于供应商、客户、分销商、政府机构甚至竞争对手以获得解决问题的线索和思路，于是，互联赋能的平台企业、生态企业便应运而生。这意味着组织发展进入了一个新阶段：依赖创新，尤其是知识创新。

在众多影响知识创新的外部影响因素中，领导行为常常被看成重要的情境变量，领导力与创新绩效的关系的探讨受到普遍关注。领导者采取什么态度，创造什么样的环境也影响着成员是否愿意以及怎样作出创新努力。美的集团创始人何享健曾经说过，美的的主要任务就是搭建一个舞台，让经理人去唱戏。华为创始人兼总裁任正非认为，自己在华为的作用就是拿一桶浆糊把十几万人粘在一起。华为始终保持着学习和交流的心态，开放、包容合作的心态，敢用比自己强的人。

然而，随着信息越来越公开，市场越来越透明，领导者个体知识暴露出了诸多的局限性，以前"暴力式、专制式"的领导方式日渐失去了实施的土壤。时任诺基亚总裁约玛·奥利拉在诺基亚被微软收购时说：我们并没有做错什么，但我们输了。越来越多的管理者们清醒地认识到：

当今世界正经历百年未有之大变局的时代考验，在易变性（VUCA）时代，"黑天鹅"满天飞，"灰犀牛"遍地跑。如今组织的发展已不再只是少数精英的责任，组织的管理者如何透过乱变交错、风雷激荡的表象，做到"不畏浮云遮望眼，乱云飞渡仍从容"，不能仅靠权威来推动，团队在知识创造中成为一个中心的位置，管理者必须能够跨越各种界限，充分发挥各类人员、想法和资源的作用。

柯林斯经过 5 年的研究给出了答案。他发现一个公司要想从优秀转变为卓越，正是领导者这种表面看来有点矛盾的特质"谦卑而执着，腼腆而无畏"构成了企业业绩持久的要素，促使了成功的公司向伟大的企业转变。那么，谦卑型领导者风格究竟有着什么独到之处？他通常扮演怎样的一种团队角色？又是如何带领团队成员在组织内外知识不断变化的背景下实现持续性的团队创新绩效提升的？这正是本书写作的目的。希望通过本书的研究和阐述，能够对团队中谦卑领导行为表现有更清晰的认识，团队管理者能够更有意识地培育谦卑的品质和行为，促进组织的基业长青。

在本书写作中，为便于读者阅读和理解，注重了过去与现代观点的逻辑梳理、国外与国内理论的对比循迹以及理论与实践相互呼应；在每一章结束都有主要内容的小结，加强各章节之间的衔接和结构之间的连续性；在研究方法上，为摆脱半路叙事的研究范式，结合了两种研究方法的各自优势，采用定性研究方法建构理论模型，提出分析路径，采用定量的研究方法进行模型验证，确保研究过程的整体严谨性。需要说明的是，本书在论证中没有过多涉及其他领导风格，如对变革型领导、真诚型领导进行讨论，其原因是本书不认为谦卑型领导与其他领导风格存在着"非此即彼"的并列或是对立关系；相反，本书认为谦卑型领导行为是所有团队领导行为的底色。在今天的团队管理中，管理者既要具有超强的信息获取和反馈的能力，同时也要求管理者能激发团队成员的知识获取和分享的互动能力，促进组织创新和管理绩效的提升。

本书主体部分分为三篇。第一篇梳理了谦卑型领导的概念和相关理论、其他核心概念及相关研究成果，并在此基础上采用了扎根理论的方法，从团队层面构建了谦卑型领导对团队创新绩效动态影响过程的理论分析框架。第二篇从社会互动和意义建构理论视角，对二者关系中团队知识生产过程和生成机制进行推演，解释了团队知识互动对于知识发展的潜能，构建了"外部获取—内部分享"的谦卑型领导对团队创新绩效影响的双作用路径，并以来自64个团队共计308名员工与其直接上级进行问卷调查的配对数据进行实证检验。第三篇针对前面的实证分析结果，从培养谦卑型领导行为技能、推动学习型团队和把握不同情境中组织目标的权变作用三个方面提出管理实践建议，以引导团队提升谦卑领导力和团队创新管理能力。

本书适用于各类企业组织中从事团队管理以及参与团队工作的领导者和非领导岗位的员工，同样也适用于团队外部进行知识交互的相关利益者、团队组织参考使用。

写作过程若没有诸多专家、朋友的帮助，本书也很难完成。再次向各位表示真诚谢意。由于水平有限，书中难免存在不完善之处，也诚请同行专家和读者批评指正。

目录
Contents

第一章 导论／1

    第一节 现实背景／1

    第二节 理论背景／3

    第三节 研究意义／8

    第四节 研究内容与方法／10

第一篇　基础理论篇

第二章 谦卑型领导文献回顾／17

    第一节 谦卑的历史渊源和文化意蕴／17

    第二节 谦卑型领导理论的学术基础与内涵／19

    第三节 谦卑型领导的测量／24

    第四节 谦卑型领导影响因素分析／27

    第五节 谦卑型领导影响效果和作用机制／30

    第六节 本章小结／40

第三章 团队知识行为、学习行为及创新理论分析／44

    第一节 团队知识获取／45

第二节　团队知识分享 / 49

第三节　团队学习行为研究综述 / 55

第四节　团队创新绩效研究综述 / 59

第五节　本章小结 / 65

第四章　谦卑型领导与团队创新绩效的模型构建与假设 / 68

第一节　基于质性研究的理论模型构建 / 68

第二节　理论基础与研究视角 / 80

第三节　研究假设 / 86

第四节　本章小结 / 104

第二篇　实证研究篇

第五章　研究设计与数据获取 / 109

第一节　研究样本与数据获取过程 / 109

第二节　测量工具 / 110

第三节　数据分析 / 113

第四节　统计学差异检验 / 116

本章小结 / 134

第六章　谦卑型领导与团队创新绩效关系的实证分析 / 135

第一节　研究变量信效度与相关分析 / 135

第二节　谦卑型领导对团队创新绩效作用机制分析 / 143

第三节　研究结果讨论 / 158

本章小结 / 166

第三篇 管理应用篇

第七章 管理启示与实践建议／171

第一节 应对不确定的知识经济环境，提升谦卑型领导
行为技能／171

第二节 重视开发团队学习行为，构建创新型学习团队／174

第三节 把握不同情境中组织目标的权变作用／178

本章小结／180

附录 A／181

附录 B／182

附录 C／184

参考文献／186

第一章 导 论

第一节 现 实 背 景

20 世纪 70 年代以来，由于能源短缺和生态恶化导致工业危机日益严重，西方先后提出了"后工业社会""信息社会""第三次浪潮"等社会发展思想，成为"新工业革命的先声"。由丹尼尔·贝尔提出的"后工业社会"理论预见了日益凸显的新科技革命和不断增大的服务经济的变化，认为后工业时代知识将处于中心位置，专业技术人员居于主导地位。1983 年，美国加州大学教授保罗·罗默提出了著名的"新经济增长理论"，将知识作为一种内生性变量引入经济分析框架，系统解释了知识经济是如何将土地、劳动力和资本的传统变量转变为人力、思想和物力的过程，揭示了知识对经济增长和国家财富的促进作用。由此可见，社会经济正从要素驱动、规模化生产的经济模式向更能直接创造市场价值的知识经济转变，大多数产品和服务的价值取决于怎样开发出基于知识的无形资产。德鲁克（1993）在现代社会生产中进一步指出，知识不仅是与传统生产要素并列的资源，而且是唯一有意义的资源，社会正在进入"知识社会"（knowledge society）。在知识社会中，知识工作者成为社会的主要驱动力，知识、科技先导型企业成为经济活动中最活跃的经济组织形式，代表了未来经济发展的方向。少数西方先进国家的知识经济形态率先成为其经济主导，这标志着世界进入了知识经济时代。

在知识经济时代，对创新的需求变得更加迫切，国家和社会的发展越来越依赖于科技创新。创新资源、知识创造、企业创新、创新绩效、创新环境成为衡量一个国家、一个企业发展潜力的重要测度指标。在我国，改革开放后的经济、技术的发展都取得了举世瞩目的成就。然而，近年来由于全球逆转的持续发展加大了低技能依赖性产业比较优势的丧失，创新不足逐渐显现成为我国产业升级的主要制约，知识作为企业价值创造的独立要素，被放在优先于资本的重要位置。党的二十大报告中指出，坚持科技是第一生产力、人才是第一资源、创新是中国式现代化建设的第一动力。科技创新体系是落实以创新为第一动力职能的战略支撑。应该说，如何提升经济发展中基于知识驱动的创新贡献的比重，转变规模生产的单一、重复性的经济模式是中国未来经济发展所面临的重大挑战。从更微观层面看，如何通过知识引领创新，推动知识发展，激活人才的创新活力，促进自主创新能力建设是组织和企业在知识经济时代要回答的核心问题。

由此延伸出来的问题是，基于知识驱动的创新何以可能？知识价值的有效实现形式是什么样的？在组织中谁是知识创新的主体？在西方传统的创新模型和对创造力的理解中，往往将创造力看成少数人独有的能力，组织的创新绩效更依赖于少数具有创造性特质和才能的"天才个体"或"个人英雄"。早在1912年，奥地利经济学家熊彼特出版的《经济发展理论》一书中曾经指出，创新的主体是企业家个体，企业家是创新过程的组织者和创造者，突出强调了企业家作为知识个体的超凡脱俗以及对整个组织的压倒性的调控能力。然而，知识、技术更新的加快以及产品、服务本身的复杂化，使得创造力个体生成的传统认知很快暴露出局限性，过去对管理行之有效的个体知识和经验反而阻碍了创新，甚至使组织陷入危机。彼得·德鲁克在1985年《创新与企业家精神》的理论著作中对熊彼特的创新作了较大的发展，其中很重要的一点就是用企业家精神拓展了企业家的基本概念。他指出，企业家精神与所有权无关，无论是企业所有者、职业经理人，还是一个普通的员工都可以成为企业家。这意味着组织中凡是具有企业家精神的个体都有可能成为创新的主体。一些相关研究中，无论是索耶（2012）对创新来源于实践活动而非意念的强调，还是佩奇（2007）对群体认知多样性与创造力关系的探索，无不指向一个新的观念动向，即创造力是人的基本共性，创新的主体不再局限在组织中某一个个体身上，组织的创新依靠群体互动和共同实践的涌现而非个人灵感的闪现。

近几十年的商业实践同样证明，大部分商业创新都是源自团体的合作。时至今日，我们依然记得热衷于个体才能释放的安然公司的破产，而那些依赖于员工共同实践的企业却大获成功。华为总裁任正非曾在创立华为后将自己视为"捣浆糊"的人，指出华为的卓越实际是离不开十几万黏合在一起的人。在知识经济时代，很多创新型的组织和团队都有着和华为共同的特点，他们既不依赖于某个个别领导者的独特能力，也非通过团队成员个体创造性地简单加总。那么，是什么让团队中的个体比个体单独工作表现出了更高的创造性？个体的知识是如何在团队层面发挥作用的？回答这些问题，我们需要回到组织管理的基本层面。比如，知识经济时代，当知识变得透明化，知识与判断力以分布式呈现时，我们必须关注团队的领导力是如何发挥作用的。领导者作为影响团队成员的重要因素之一，控制着资源和信息的渠道并向下属传递影响（Gupta & Singh，2013）。领导者采取什么态度，创造什么样的环境，直接影响到成员是否愿意以及多大程度上作出创新的努力。那么，在知识经济时代，领导者如何对团队成员进行知识管理？什么样的领导行为能够更有助于促发团队成员知识潜力的生成，背后的作用机制是怎样的？这是本书的理论关怀。

第二节　理论背景

近些年来，领导行为对下属创造力的影响已经受到学术界的普遍重视，相关研究主要从促进因素和抑制因素两个方面展开。一方面，学者们发现，领导者对下属积极反馈，设置有挑战性的任务，支持、欣赏下属创造性的工作（Ambile，2008；De Jong & Den Hartog，2007），智力激发和建立合作伙伴关系（De Jong & Den Hartog，2007）能够促进下属的创新行为；另外一些行为被认为遏制了下属的创新，包括强调现状、保守、低风险态度、批评新观点、过度的时间压力等（Michel et al.，2014）。除了个别领导特质和行为类型，现有研究还探讨了完整的领导风格，如变革型领导、交易型领导、知识型领导对创新绩效的影响（Yuan & Woodman，2010；朱少英、齐二石，2008；韩杨等，2016；闫佳琪等，2018；朱良平，2019；候二秀等，2013）。可见，无论是对领导特质还是行为风格的研究，都表明了领导者对下属能动性的激发对于其创造性的发挥有着重要的作用。同时，我们也发现当信息越来越公开，市场越来越透明，原有科层体制下"自上而下"的命令式、专制和控制型的领导方式越来越不利于团队创新；相反，以柔和的、间接的、"自下而上"的领导方式有助于员工能动性的发挥。

有关"自下而上"的领导风格的研究中，领导者的谦卑特质受到了越来越多的关注（Vera & Rodriguez - Lopez，2004；陈立凡等，2022）。在以往变革型领导的研究中，巴斯（Bass，1985，1996）曾指出，真正的变革型领导是谦卑的，此外，真实领导（Luthans & Avolio，2003）、参与式领导（Kim，2002）都把谦卑作为重要的领导行为维度之一。一些学者提出谦卑不仅是一种态度、一种特质，更是一个完整的领导概念。科林斯（Collins，2001a，2001b）经过 5 年的研究发现，一个公司要想从优秀转变为卓越，第五级领导者是重中之重。这是因为那些伟大的公司的领导者都有着特殊的素质，包括他们能谦逊地看待自己的成就，常常把成功归功于个人运气或优秀的同事；回避大众的追捧，从不大言不惭；以沉稳、不露声色的决心和钢铁般的意志采取行动；以严格的标准而不是"激动人心的魅力"激励员工；勇于承担责任，从不埋怨。科林斯将这些领导者的素质归结为领导者的谦卑。他认为，正是领导者"谦逊而执着，腼腆而无畏"的特质构成了企业业绩持久的要素，促使了成功的公司向伟大的企业的转变。欧文斯和赫克曼（Owens & Hekman，2012）最早构建了组织领域谦卑型领导的概念模型，他们从行为视角揭示了谦卑型领导的行为特征，初步探讨了谦卑型领导的影响效果。谦卑型领导的有效性在国内、外都获得了一定的实证支持。研究者指出，谦卑型领导具有清晰的自我意识，坦承自己的不足，能够监控自己的经验并从中学习；欣赏下属能力，彰显下属的成就；善于倾听和反馈，具有知识的开放性等行为显著提升了个体创造力水平（李海红等，2022），被认为更适合知识驱动的经济环境，释放了较高水平的公司绩效（Owens et al.，2013；Ou et al.，2014）。

　　谦卑型领导对个体创造力的发挥具有显著的促进作用，这在现有研究中已经获得诸多证实，但是，对于团队创新的影响作用却关注不足（王蕊等，2023）。随着市场环境的变化和组织结构的变迁，团队已日益成为企业内普遍采用的创新单元，它也是领导行为产生影响的直接对象。团队中的每个个体都有不同的知识背景和知识结构，将不同专业分工、不同任务角色整合起来的团队的创新远比个体层面复杂得多。一些学者从心理视角研究发现，谦卑型领导对团队创新有间接影响作用（Lurdes & Filipa，2017；Hu et al.，2018）。他们指出，谦卑型领导通过为团队营造安全、自由的心理环境，提升团队成员的心理资本，激发了团队成员工作的自主性，促使他们产生更多的新观点，间接地促进了团队创新。应该说这些深入团队心理动机的研究成果对于谦卑型领导对团队层面作用效果具有一定解释力，但是，这一视角依然具有局限性。首先，单一的心理视角仍然没有摆脱基于高度稳定性人的假设，忽略了人在互动中变化的潜能。正如团队成员除了和领导者相互作用，团队成员之间的互动也在进行着，我们无法去除其他互动关系和情境，将复杂的互动过程化简为一种内在锁定的心理状态；其次，知识经济时代是符号化生产，更加重视资源的流通，且先进的数字技术使团队与更广泛范围内的协作得以可能，以往研究只关注到了影响团队创新的内源性因素，缺少与外源环境互动的完整解释；最后，团队成员除了共同的认知结构，也会形成独特的知识结构，依靠多元化的知识形成的观点有可能取得一致也有可能和固有想法形成对抗，即便是达成共识的观点也存在很大的风险和不确定性，只停留在创新观念的形成上是远远不够的，比观念创新更值得关注的是创新的观念是如何最终转化成团队创新绩效的。因此，势必需要探究团队知识的施行和建构过程是如何展开并最终使创新结果得以涌现，这在现有研究中没有得到应有的重视。近年来，越来越多的学者呼吁加强对谦卑型领导和团队创新绩效之间行为机制的关注（Hu et al., 2018）。鉴于此，本书将从社会互动和意义建构理论视角（Sense - Making Theory）来探讨谦卑型领导对团队创新绩效的影响机制。

　　本书将注意力定位在团队成员的互动上，从互动关系视角构建了"外部获取—内部分享"的双作用路径模型，揭示了谦卑型领导如何围绕"开放性互动"这一核心机制营造了以团队内、外知识传播的互动学习场域，进而提升了团队创新绩效。另外，本书从意义建构理论视角出发，探讨了谦卑型领导对团队创新绩效的影响作用及内在作用机理，在进一步完善谦卑型领导理论的同时，为知识经济时代团队创新提供新的研究视角和实践路径。意义建构理论将寻找意义作为处理不确定性的一种方式，它是对管理中如何最大化寻求、使用和创造知识这一核心问题的积极回应，也是更广泛看待知识管理现象的方法论（Dervin, 1998）。根据意义建构理论（Daft & Weick, 1984），一方面，领导者的意义行为被看成是影响团队成员认知行为的重要机制。谦卑型领导通过为团队成员提供开放性的话语环境（坦诚认识自身的不足）和行为参考的框架（彰显下属的优势，在可教性上率先垂范）进行意义给赋，引导团队成员对内、外部不同知识主体之间异质性知识和观点的接纳，触发团队成员理解当前情境的动机（Dervin, 1998）。另一方面，为了理解环境，团队成员和他们所处的环境之间进行互动交流并从中寻找线索，这些交流变得有意义而得以保存。信息扫描是搜集可能影响组织信息的持续过程（Daft & Weick, 1984），这一行为体现在团队互动中，既有团队内部的信息交换，也包括团队外部知识的获取。本书认为，团队内部知识分享和团队外部知识获取有可能在谦卑型领导和团队创新绩效之间发挥中介作用。进一步地，在包容性的话语环境下，团队成员会就如何对内、外部资源中的不同要素加以利用、如何设计和解释信息进行交流与协作，并将歧义和差距重新解释为学习的机会（Weick et al.，2005），以此为新的行动框架展开探索性的实验行动。这一关于知识发展的动态协商过程在团队中被视为团队学习，有意义的知识随着团队学习过程得以涌现。故本书认为，团队外部知识获取、团队内部知识分享和团队学习行为在谦卑型领导和团队创新绩效之间具有双链式中介作用。

本书的研究目的是基于社会互动和意义建构理论探讨谦卑型领导与团队创新绩效的影响关系，旨在揭示如下三个问题：谦卑型领导是否影响团队创新绩效？谦卑型领导怎样影响团队创新绩效，作用机制是什么？受到哪些边界条件的限制？具体如下：

第一，探讨谦卑型领导对团队创新绩效的影响。

在知识经济时代，创新决定着组织的生存与发展，团队知识创新是组织创新的重要组成部分，团队创新的其中一个重要影响因素是团队领导者。然而，近年来随着环境动态性和不确定性的加剧，领导者的高傲、自大给企业决策带来的负面影响受到了理论界和实践界的广泛关注（Chatterjee & Hambrick，2007），而谦卑型领导被看成个体行为的柔和剂，能够防止极端行为的发生（Peterson & Park，2003），抑制了团队领导者的过度自大并力求实现自我和团队的共同发展。因此，本书第一个研究目的是以团队创新绩效为结果变量，探讨谦卑型领导与团队创新绩效的关系。这一问题的回答将有助于拓展谦卑型领导理论，同时也对知识经济时代提升团队创新绩效有一定的实践启发。

第二，探索谦卑型领导对团队内部知识分享、团队外部知识获取的影响作用。

在不确定性条件下，知识已成为企业获得竞争优势的重要来源之一。团队创新中基于知识的创新占有很重要的分量，团队知识获取和知识分享有助于对复杂技术带来的困难提供更全面的处理。目前，以组织多元化团队为运营结构的团队与团队之间的信息交融、知识分享并没有得到重视。伴随着信息技术和知识经济的发展，知识的整体性和透明化改变了以往企业将所能利用的知识集中在领导者或少数专业个体身上的现象。从知识管理层面出发，谦卑型领导对团队成员的内外知识行为会产生哪些影响是团队知识经济时代需要回答的现实问题。这一问题的分析与回答将有助于完善谦卑型领导理论并为团队知识管理提供参考价值。

第三，探讨谦卑型领导对团队创新绩效影响的内在机制。

本书分别从"团队外部知识获取－团队学习行为"和"团队内部知识分享－团队学习行为"两条中介作用路径来探讨谦卑型领导对团队创新绩效的影响。在作用结果研究中，以往多是关注谦卑型领导对个体层次变量的影响，缺乏团队层次的研究；而团队层面已有作用机制研究中主要围绕着谦卑型领导对团队成员的心理安全感、心理资本和内在激励等心理层面的影响，缺少对谦卑型领导与团队创新内源、外源互动的整体把握。本书的第三个目的是采用扎根理论的研究方法构建谦卑型领导和团队创新绩效的内在机制理论模型，揭示团队成员知识获取、知识分享和团队学习行为的双链式中介在谦卑型领导和团队创新绩效间的内在传导机制，为知识经济时代团队创新提供新的研究视角和实践路径。

第三节　研究意义

一、理论意义

首先，结合知识经济的时代背景和知识创新的本质特征，梳理了领导力和团队创新绩效之间的关系和影响过程，重新思考了谦卑型领导的核心要义，采用扎根理论的研究方法提取了谦卑型领导在团队创新行动过程中的关键行动要素：团队知识获取、团队知识分享、团队学习行为和组织目标清晰性，并进一步归纳出这些要素之间的形成机理和逻辑关系，构建了谦卑型领导与团队创新绩效的理论模型。将团队知识获取、团队知识分享作为中介变量解释谦卑型领导对团队知识行为层面的影响作用，为谦卑型领导对团队外部知识行为的影响提供新的实证依据，这将进一步扩展谦卑型领导与团队创新结果层面的研究。

其次，基于社会互动理论和意义建构理论，提出并实证检验了谦卑型领导与团队创新绩效、团队知识行为之间的影响作用，并在此基础上进一步检验了团队知识行为、团队学习行为于谦卑型领导和团队创新绩效之间的链式中介作用。在知识经济时代，对于组织知识管理而言，一个重大的挑战就是如何建立一个能够对现有知识进行推理和想象加工的环境，从而发挥知识的潜力，基于知识驱动创新机制的提出，不仅有助于丰富对谦卑领导的理论认知，也将为理解知识经济时代团队领导者如何提升团队创新绩效提供一个新的解释路径。

最后，本书提出并检验了组织目标清晰性在谦卑型领导—团队知识分享—团队学习行为—团队创新绩效影响路径中的显著边界效应。开放性、多样化的团队与更多样的知识背景和功能相联系，被认为更有创造性。然而，也有证据表明，多样性与创造性没有关联，会与复杂的人际关系和团队冲突相抵消。本书认为，之所以产生有关团队多样性影响的张力，很大程度上和边界条件有关，团队如果只是寄希望于获取更多的知识来降低不确定感或是增加获取新知识的可能性，最后必然走向混乱。只有当团队有着清晰的目标以及对目标有着共识和相互协调一致的努力时，才可以建立共同的责任感，多样性和开放性的优势才能起作用。因此，将组织目标清晰性作为边界条件引入模型，深化了谦卑型领导与团队创新绩效影响机制的认知。

二、实践意义

本书的研究尽管基于组织微观层面上团队创新绩效的探讨，但对于更中观层次创新过程也有实践指导意义。首先，对于知识经济时代组织领导、团队领导突破个体内在的"有界性"，树立整体观、系统观，从"相互依存、开放互动"的视角采取行动具有启示意义；对于团队成员在知识创新过程中明确个体、团队和组织三者的内在联系特征、把握团队创新的精髓和实现"实践的增量"具有指导价值；对于在"大众创业，万众创新"的社会实践中，每一个个体和工作团队如何利用"知识这种既共享又具有竞争性的资源"进行联合行动，并在行动中实现知识潜力的开发同样具有一定程度的社会价值。

第四节　研究内容与方法

一、研究思路与内容

本书首先指出了知识驱动创新的时代背景下组织管理所面临的挑战和问题，揭示了知识经济时代依托团队而非少数个体优势创造的必然性，由此决定了组织管理中领导力从"自上而下"型向"自下而上"型的转向，并在此基础上提出"自下而上"的谦卑领导与团队创新关系及其机制研究的必要性以及可能的理论意义和实践价值。其次，对谦卑型领导、团队知识获取、知识分享、团队学习行为和团队创新绩效的相关理论和以往文献进行回顾和梳理，在总结、归纳已有研究成果的基础上，指出尚存的研究不足。再次，通过扎根方法初步掌握组织团队中员工对谦卑及谦卑型领导行为的看法，并探索谦卑型领导影响团队创新绩效的路径。在明确相关概念的基础上，基于社会互动理论和意义建构理论构建了谦卑型领导与团队创新绩效及作用机制的理论模型，探讨谦卑型领导对团队知识获取和团队知识分享两种不同的团队知识行为的影响作用，以及团队知识获取、团队知识分享和团队学习行为的双链式结构在谦卑型领导对团队创新绩效之间的内在作用机理。通过实际调研根据所获取的数据实证检验了模型中各变量的关系。最后，讨论并总结了本书的研究结论，以及研究中存在的不足和局限，指明了未来的研究方向。本书将按照图1-1的技术路线开展研究。

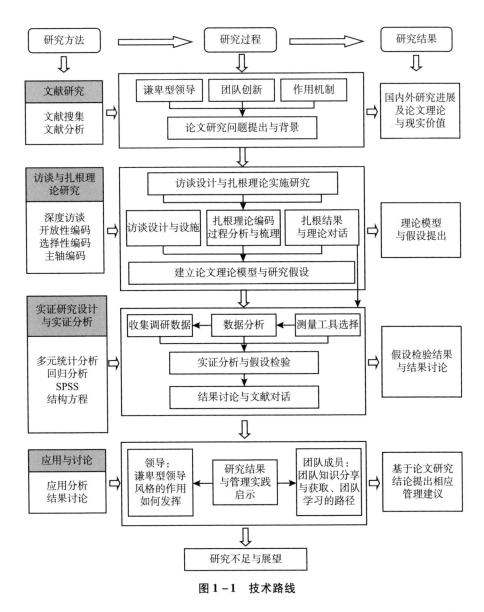

图1-1 技术路线

本书分七章，具体内容安排如下。

第一章是导论。主要对研究背景与研究问题、研究的目的与意义、研究内容、研究方法等进行介绍，描述本书的初步框架，形成技术路线图。

第二章是谦卑型领导文献回顾。内容包括三个部分：其一是对谦卑的历史渊源和文化意蕴进行梳理；其二是对组织中谦卑型领导的学术基础、内涵与结构测量进行回顾；其三是对谦卑型领导行为的影响因素、影响结果和作用机制进行文献综述，为后续研究奠定理论基础和进一步的思考空间。

第三章是对团队知识行为、学习行为和创新理论进行文献综述与分析。一是回顾了团队知识管理中知识分享、知识获取的理论与内涵，梳理了团队知识分享、团队知识获取与领导风格、团队创新绩效等相关研究成果和作用机制；二是回顾了团队学习行为理论与影响作用；三是对团队创新绩效的理论和内涵进行梳理，并回顾了领导力视角下创新绩效的文献资料，在总结、归纳和分析评述的基础上，发现研究中的问题与不足，为本书理论视角的提出奠定了基础。

第四章是模型构建与研究假设。本章第一部分采用质性研究中的扎根理论的方法探索了谦卑型领导对团队创新绩效的影响路径，构建了谦卑型领导行为与团队创新绩效影响机制的理论模型。第二部分系统回顾了社会互动理论和意义建构理论的相关内容和理论应用。第三部分基于第一部分的结论从社会互动和意义建构理论对谦卑型领导影响团队创新绩效的作用路径进行假设推演，为进一步的实证研究做好铺垫。

第五章是研究设计与数据获取。在本章中主要介绍了以下几个方面的内容：一是介绍了调查对象的来源、整个调查的流程以及调查数据的回收情况；二是分别介绍了谦卑型领导、团队知识获取、团队知识分享、团队学习行为、团队创新绩效、组织目标清晰度各个变量的测量量表的来源以及选取的控制变量；三是介绍本研究用于假设检验所采用的统计软件和具体的统计方法；四是对研究中个体层面的变量聚合到团队层面进行可行性分析；五是对研究中可能产生的共同方法偏差进行分析和检验；六是对主要变量的人口统计学差异进行检验。

第六章是关于谦卑型领导与团队创新绩效作用机制和影响结果的实证研究。首先，通过 SPSS 软件和 Mplus 软件在对有效回收的问卷进行描述性统计分析和相关性分析的基础上进行分层回归分析，验证了谦卑型领导与团队创新绩效、团队知识分享、团队知识获取和团队知识获取、团队知识分享与团队学习行为以及团队学习行为与团队创新绩效之间的直接效应，其次，采用 simple slope 检验验证调节效应、Bootstrap 检验验证中介效应以及被调节的中介效应检验。

第七章是管理启示与实践建议。依据实证研究结论，从如何塑造谦卑领导力、培养和开发团队学习行为和把握不同情境中组织目标的权变作用三个方面提出本书的对策建议。

二、研究方法

主要采用以下研究方法。

（1）文献查阅与理论评述。通过对几大中英文数据库和全文电子期刊库进行检索，收集了有关谦卑型领导、知识获取、知识分享、团队学习行为、团队创新绩效、社会互动理论、意义建构理论和组织目标等相关文献，厘清所属学科发展脉络，推导理论逻辑演进过程，并在梳理与筛选的基础上归纳、总结了理论研究现状和研究不足，而后通过理论分析构建本书的研究框架和视角，并以此提出关键研究变量和相关假设。

（2）质性研究与扎根理论。在研究初期，本书为了确定量表的有效性，对不同行业的员工进行了深度访谈，初步掌握了在组织团队中员工对谦卑及谦卑型领导行为的看法。同时，结合对团队管理者的深度访谈，挖掘谦卑型领导促进团队创新绩效提升的现实做法，探索谦卑型领导影响团队创新绩效的路径，并为研究结果的应用提供相应的实践启示。

（3）问卷调查与实证研究。进行实证研究的调查问卷的设计采用李克特量表法，明确谦卑型领导、团队创新绩效、知识分享、知识获取等抽象的概念，通过测量量表对之进行操作化，同时收集并选取了不同地区、不同行业的样本，采取配对形式进行问卷的发放，对数据进行统计筛选后获取一手资料。

（4）统计分析和结构方程模型。主要通过多元统计软件（SPSS22.0）作描述性统计分析、相关分析、方差分析和探索性因素分析；同时，利用 AMOS 21.0 软件进行验证分析，用 SPSS 宏程序 Process 分析假设检验。

第一篇
基础理论篇

第二章 谦卑型领导文献回顾

第一节 谦卑的历史渊源和文化意蕴

英文"humility"一词源自拉丁文的"humus"指地、土，是一种最基本的层面，属于六大美德分类下的 24 种性格优点之一（Peterson & Seligman，2004）。谦卑一直是众多文化的默祷，对于谦卑的看法，我们简单追寻一下其历史足迹。

在古希腊传统文化中，谦卑并没有受到重视，尽管当时的人们认为傲慢是邪恶的，但也并不认为谦卑是一种良好的品质。英国神学家们认为谦卑是缺乏男子气概的象征，因为谦卑表现为向内的收敛和克制，而不是外在的强壮和聪慧。早期启蒙运动的哲学家们对谦卑也持以蔑视的态度，他们宣称普通人不需要谦卑，谦卑是奴隶应具有的美德，是自我身份的贬低。谦卑常被看作是人性的弱点，是害羞，缺乏雄心，缺乏自信的表现。与此相反，古希腊斯多葛派的哲学家们将谦卑视为一种美德，一种性格优势，也是人类的一种才能、能力的体现（Peterson & Seligman，2004）。而在灵修传统中，谦卑被作为真实修养的标记，指一种了解自己渺小的态度，旧约中记载了以色列人因体验天主的至尊全能而学习谦逊，新约中将耶稣看成谦逊的默西亚，为基督徒的典范。谦卑在基督教中的中心地位影响了西方文化对谦卑的传统看法。

然而，在现代宗教的相关工作中，谦卑并未获得发展。原因是，一方面，由于现代宗教对于美德重新分类，忽略了传统美德和过失存在着完全不同的起源；另一方面，当时宗教转向对"性暴力"的关注，权力取代谦卑成为基督教的中心，与此同时，将谦卑异化成了在追求权力过程中的伪善的工具（Langston & Cantor，1989），而傲慢则被重新包装成了自尊（心理学中一种积极的个人特质）。事实上，一直到积极心理学的兴起，才转变了对于谦卑消极的看法，这和积极心理学强调人自身某些实际或潜在的积极力量和积极品质有极大的相关性。在积极心理学中，谦卑是对自身个性、优势、弱势等能够清楚认知的可取的品质（Nielsen，2010）。谦卑也逐渐受到当代哲学家和社会学家的关注，他们认为谦卑属于自我科学理论，因为谦卑产生于对自己能力和缺陷的真实认知。唐尼（Tangney，2000）也指出，谦卑包含着对自我的正确评价，同时谦卑也是忘记自我和欣赏其他事物价值的能力。近年来，谦卑在西方组织管理领域得到了越来越多的关注，如有学者把公司的成功看作是 CEO 个人的谦卑、可依赖的能力，以及前后一致行为的结果；在组织层面，谦卑成为组织美德的核心要素，为组织奠定了道德基础。

与西方不同，谦卑有着深远的中国传统文化的历史渊源。自古以来，中国人注重谦虚，在与人交际时，讲求"卑己尊人"。谦卑作为一种传统美德是富有中国文化特色的礼貌现象。在别人赞扬我们时，我们往往会自贬一番，以表谦虚有礼。汉语谦卑的词源始于战国《尹文子·大道上》："齐有黄公者，好谦卑。"其引证解释可查宋·李觏《回廖解元所业》诗："众恶吾虽察，谦卑孰敢逾。"《儒家》经典思想关于谦卑的论述，主要体现在"温、良、恭、俭、让"五个行为规范上，并以此作为评判"正人君子"的一个重要标准。《道家》经典思想认为，谦卑的表层价值在于人际关系的和谐，而其真正的精髓，应该被提升到政治哲学和人生智慧的高度。《易经》谦卦说："谦卑是人因为虚心所以能进入对方的心，被其接纳。"也就是说，甘愿让对方处在重要位置，自己处于次要位置，它不同于谦虚，更不是自卑，是智者不自大。

孔子的"人道"重于"天道"强调事在人为的处世观念，是儒家的基本哲学观点。《易经》乾卦上有"天行道，君子以自强不息"，意思是人应和着天的步伐，刚健有为。当代领导自强不息的精神应体现在领导者的自立和自省上。自立的本质是要敢于担当，遇事不回避，不瞻前顾后，勇于面对；自省是在不断的思考、反思中进步，领导者要对自己的优势、个性弱点有清楚的认知，并通过学习纠正、弥补和发展自己，强调"开拓进取、与时俱进"的精神文化。真心诚意，身心和谐，内外合一是儒家文化对君子的基本要求，意思是说，当身心分离将引发诸多问题和矛盾，身心平衡的关键在于"真"字和"和"字，领导者若能对自然存有一种敬畏之心，对他人怀有感恩之心，对自己存有羞愧之心，或许对身心和谐有益。

纵观中国古代文化，谦卑在各派思想中均没有缺席，除了儒家学派，道家的"上善若水"强调了人的"不争，敬畏"的品性。尽管没有作为主流思想单独提出来，但其不可或缺性也是显而易见的，只是强调的方面略有不同，而这样一种文化传统也依然传承至今，成为人们社会交往中被认同和赞许的美好品德。

第二节 谦卑型领导理论的学术基础与内涵

一、领导力理论发展脉络

对领导问题的专门学术研究始于 20 世纪初的美国社会科学领域，迄今已有百年时间，在西方逐渐形成了几个主要的理论学派。

20 世纪前期，伟人理论占据领导力研究的主要地位，由此产生了领导力的特质学派。这一学派认为组织中那些具有稳定性格的人会起到关键作用，并通过人与人的比较将"领导者"和"非领导者"区分开来。

特质领导理论的兴起与当时组织心理学对于个体差异性的强调有直接相关性，这些特质反映出了一定范围内稳定的个体差异，包括个性、认知能力、动机以及技能和专长等，一直到现在特质理论的研究依然占据一定位置，如大五人格、自我监控等对领导者的预测作用和对组织效率的调节作用（Day & Hiller，2002）。

自勒温（Lewin，1939）的现场研究试图寻找一种普遍性的高效的领导行为开始，到20世纪50年代，领导行为学派成为当时领导力理论研究的主流学派。勒温的研究发现专制的、民主的、放任的领导行为对团队的绩效会产生不同的影响。这一学派的出现使得领导过程中的主体（领导者）和客体（追随者）二元关系更加明晰，研究主要集中在对领导者的行为表现和对待追随者的方式上，即以员工为中心的关怀结构（consideration structure）和以任务为中心的任务结构（job structure）。另一些研究则指出，领导行为的有效性依据情境的变化也有所不同，在某些情境中，某一领导行为比另一领导行为更加有效。自此，情境的研究方法融入领导力理论研究中并形成了领导权变学派。这一学派重点考察了领导者采用不同方式使追随者达到目标（House，1971），其中比较有代表性的是费德勒（Fiedle，1971a）领导权变模型，该模型提出了领导者与成员关系（leader-member relations）、任务结构（position power），以及职位权力（position power）等权变因素。从权变领导学派开始领导力理论的研究重心由单纯的研究领导者的特质、行为转向这些特质、行为在什么条件下发挥作用。

20世纪80年代，以魅力型、变革型和愿景型领导风格为基础的新领导力学派逐渐形成。这一理论强调了如何通过激发追随者的内在动机，努力满足他们更高的需求，进而全面关注追随者（Burns，1978）。应该说，新领导力的核心思想中，领导者和追随者二者关系较传统领导力学派发生了方向性的变化，即由原来"自上而下"的硬性控制、专制型向"自下而上"的柔性的激发、授权的民主领导方式的转变。在国内，除了上述领导风格，学者们提出了具有东方文化特色的、获得较大认可且研究成果比较丰富的家长式领导风格（樊景立、郑伯壎，2000）。尽管学者对于家长式领导所强调的内容不同，但是对于家长式领导所应该具备的区别于西方领导的公私分明和以身作则的道德品质有比较一致的认同。

由于竞争越来越激烈，经济环境越来越复杂，理论界和实践界开始倡导领导者在经验的基础上要更多思索，更多的信任和奉献精神。其中，根植于工业经济时代的崭新的领导模式的探讨成为组织管理理论研究的重要组成部分，众多具有时代特色的领导力理论研究再次掀起新的高潮。如学习型领导确定领导的角色是顾问、帮助者、推动者。公仆型领导和真实领导把领导角色放在非核心的地位，认为领导应该寻求满足组织和成员的利益而不是实现自己野心的最大化，强调为组织成员服务。真实领导能够认识到自身的优势和弱势并用和自身真内心的情感和想法表达出来，强调自我完善和发展。参与式领导（Kim，2002）把谦卑作为重要的领导特质之一。科林斯（Collins，2001a，2001b）经过 5 年的研究发现，那些伟大的公司的领导者都有着特殊的素质，他们能谦逊地看待自己的成就，常常把成功归功于个人运气或优秀的同事；回避大众的追捧，从不大言不惭；他们以沉稳、不露声色的决心和钢铁般的意志采取行动；以严格的标准而不是"激动人心的魅力"激励员工；勇于承担责任，从不埋怨。科林斯将这些领导者的特质归结为领导者的谦卑，并进一步指出相比 CEO 的个人魅力而言，具有谦卑特质的领导者更能带领公司从成功走向卓越。

二、谦卑型领导的内涵

在不同的研究文献中，学者们给出谦卑的定义也不尽相同。由于谦卑本身的复杂性，谦卑的内涵界定经历了几个阶段的发展过程。

第一阶段，谦卑作为宗教教义的一种。在西方谦卑源于宗教，早期谦卑的概念是由宗教中对谦卑的阐释转化而来。如对于主的敬畏和对于自己的接纳，谦卑的美德与七宗罪中自恋、自大、自负、傲慢相对立。

第二阶段，谦卑作为个体内在特质。在心理学和特质理论中，谦卑更多被看成一种人格特质（Exline & Hill，2012；Davis et al.，2013；Meagher et al.，2015）。比如，罗瓦特等（Rowatt et al.，2006）认为谦卑是谦虚、真实、尊重他人心理特质。桑达吉（Sandage，2001）指出，谦卑具有怡情、和善、尊重、平等、重视他人的特征；维拉和洛佩兹（Vera & Rodriguez – Lopez，2004）认为谦卑介于两个消极的、极端的概念——傲慢和缺乏自尊之间；莫里斯（Morris，2005）指出谦卑是介于傲慢和卑微之间；皮特森和帕克（Peterson & Park，2003）认为谦卑具有温和的品质，谦卑可以调和其他的个性品质防止它们向极端发展，使它们保持在亚里士多德的黄金分割点上，佛教的中间路线以及儒家学派的中庸之道上。

第三阶段，谦卑是一种认知 – 行为结构。欧文斯（Owens，2009）提出，谦卑包含着一种自我发展的信念，这种信念同社会认知模型中的隐性自我理论（Dweck & Leggett，1988）相一致，因此认为，谦卑是一种相信自己能够比现在做得更好的自我认知结构。欧文斯（2009）指出，谦卑的人具有积极的心理状态，而且这种认知状态会反映在行为上，其谦卑行为会因情境的变化而发生改变，谦卑受到情境和个体内心双重因素的影响（Chancellor & Lyubomirsky，2013）。诸多学者从认知行为视角对谦卑进行界定。如唐尼（2000）认为，谦卑包括四个方面的内涵，正确评价自身的优缺点，重视别人的价值，对经验、观点的开放性和不以自我为中心。伊克斯莱和盖耶（Exline & Geyer，2000）强调了谦卑非防御性的自我意识。维拉和洛佩兹（2004）指出，谦卑是坦诚不足，并尝试改正和主动寻求他人建议的行为。莫里斯（2005）认为，谦卑包括自我认识、自我超越和学习的开放性三个方面。尼尔森（Nielsen，2010）指出，谦卑是正确看待自己个性、优势和局限的意愿以及自己和他人关系的理想个人品质。

第四阶段，从关系—行为视角。欧文斯和赫克曼（2013）从人际互动视角思考为什么一些领导者比其他领导者更加谦卑，认为谦卑行为的引发、促进和加强其根源是和他人的互动，谦卑的人将人际互动作为学习和发展的重要资源，包括信息交换、反馈和批评等行为。他们系统地解释了组织中谦卑型领导行为同三个方面相联系。（1）正确认识自己的意愿，即谦卑型领导通过和他人的互动从中获得了正确的自我意识。（2）欣赏他人的能力和成就。多元而非单一地评价同伴，重视他人而不是自我贬低，回避自我张扬和自我标榜，更容易意识到他人的优势资源。（3）在可教性上率先垂范。可教性是指谦卑型领导者表现出对学习的开放性，接纳新观点，向下属学习等行为。此后，他们基于谦卑的行为层面构建了谦卑型行为量表并进行了验证，获得了良好的信效度（Owens & Hekman，2013）。

此外，在东方文化背景下，奥克等（Oc et al.，2015）以新加坡学生为研究样本得出了谦卑型领导的九维度结构：（1）对自我的准确认知；（2）承认下属的优势和成绩；（3）具有可教性和行为的矫正性；（4）率先垂范；（5）谦虚；（6）集体利益导向，参与下属工作；（7）具有同理心；（8）公平公正，相互尊重；（9）关注下属发展并给予指导。欧意等（Ou et al.，2011）认为，谦卑具有特点和状态的两重性，提出了谦卑型领导的低度自我中心、自我超越驱动的动机属性，经中国样本检验形成了谦卑的六维度结构。这六个维度分别是：（1）自我意识；（2）欣赏并发展他人；（3）开门纳言；（4）低度自我中心；（5）对自我超越的追逐；（6）超然的自我概念。李胜兰等（2016）采用定性的研究方法，通过小样本开放式问卷调查，总结出中国组织情境下谦卑型领导的四个维度：（1）德行榜样；（2）谦卑行为；（3）沉稳睿智；（4）下属导向。该结构维度结合了中国有别于西方的特殊情境，如以德为先、德才兼备、下属导向等文化要素，丰富了国内谦卑型领导的内涵研究。本节整理了组织领域谦卑型领导维度的划分，如表2-1所示。

表 2 - 1 谦卑领导维度

维度数量	文献作者及年份	维度划分
二维度	Vera & Rodriguez - Lopez（2004）	承认不足与过失并主动改正、主动寻求他人的建议向他人学习，节俭、低调
三维度	Morris（2005）	正确的自我认识、自我超越、学习开放性
	Owens et al. （2013）	正确认识自己，坦诚不足，欣赏他人，彰显他人的能力、在可教性上率先垂范
	Nielsen（2010）	认清个人优势和局限、积极利用在与他人互动中得到的信息，适时改变自己、在一个更大的整体关系中考虑自己
	Cameron（2013）	正确看待自己的意愿、欣赏他人的优点、具有可教性
	唐汉瑛（2015）	勇于承认失败、欣赏下属的长处、以身作则
四维度	Tangney（2000）	正确评价自身优缺点、重视别人的价值、对新经验和想法观点的开放性、不以自我为中心
	李胜兰等（2016）	德行榜样、谦卑行为、沉稳睿智、下属导向
六维度	Ou et al. （2011）	自我意识、欣赏并发展他人、开门纳言、低度自我中心、对自我超越的追逐、超然的自我概念
	雷星晖（2015）	勇于承认自己的不足、称赞他人、向他人学习并接受其想法、不争名夺利、放开自我、追求自我价值实现
九维度	Oc et al. （2015）	对自我准确认知率先垂范、承认下属优势和成绩、具有可教性和行为矫正性、谦虚、集体利益导向、参与下属工作、具有同理心、公平公正、相互尊重、关注下属发展并给予指导

资料来源：根据相关文献整理。

第三节 谦卑型领导的测量

谦卑型领导的测量一直以来是一个难题，这主要是源于谦卑的内涵的不确定性和复杂性。本研究结合国外学者的研究资料对谦卑的测量方法及潜在问题进行了整理、归纳。

一般而言，个体人格特质的测量采取自我报告（self-report）的方法，早期谦卑型领导的测量方法就是采用自我报告的方法。这种方法的好处是操作简单，但一般内部一致性信度较低。一方面，这一测量方法受到一定的适用性的限制，相对于智力领域，人们在道德领域更倾向于自我修饰，当人们采用自我报告测量方法时，被测量的个体很可能会产生自我提升的倾向性；另一方面，自我报告测量中的个体的动机和自我陈述形式往往是无法准确获知的，容易曲解测量结果。有研究发现，那些具有较高水平谦卑的个体很有可能被讽刺地认为恰恰是缺乏谦卑的人（Davis，2010）。研究者还指出，谦卑代表着极少数的经不起经验考查的直接用自我报告方法测量的特质结构（Tangney，2000）。

另外一种测量方法是社会比较法。这种方法是把熟识的人对被试的评估与被试的自我报告相比较，或是与其他标准如任务绩效平均计分点相比较，那些自我评价分值与其他评价结果保持高度一致的人被认为是谦卑的（Tangney，2000）。此外，相关研究指出，考虑到私人情境与在公共环境下行为表现的差异，两种不同的环境下，行为表现越相似的人被认为是具有谦卑特质的人（Jessica，2010）。总体来说，这种方法施测过程比较复杂。

第三种是采用他评的方法（other-report）。在心理学研究中，谦卑常作为一种具有稳定性的心理现象，故而作为一种分类变量采用自我报告的形式进行测量。但在领导理论研究中，谦卑领导力被看成下属能够感知到的领导行为倾向（介于特质和行为之间），行为倾向是动态变化的，多作为连续变量采用他人（周围熟悉的人）评价方式。伊克斯莱等（Exline et al.，2004）建议由熟识的人测量谦卑是比较理想的方法。戴维斯等（Davis et al.，2010）在此基础上提出了谦卑测量的关联模型，要求评价者需要满足如下四个方面的特征：（1）在人际互动中，评价者需具有他人倾向性而不是自我中心者；（2）评价者应具有积极的他人倾向性，如移情、同情、怜悯、爱等；（3）评价者应具有较强的自我控制能力，如对于成就的骄傲或是兴奋的态度；（4）评价者对自我有准确的评价。欧文斯等（Owens et al.，2013）开发了首个西方他评式谦卑型测量量表，如表2-2所示。共包含3个维度，9个项目。目前，该量表也被国内外诸多研究所采纳，具有较好的信效度。如国外学者卢德斯和菲利帕（Lurdes & Filipa，2017）、国内学者曲庆（2013）、罗锦琏等（2016）以及其他一些学者在谦卑型领导相关研究中都采用了该量表。

表 2 - 2　　　　　　　　　欧文斯等提出的谦卑型领导量表

维度	题项
清晰的自我认识	他会积极地寻求反馈，即使是批评性的
	当他们不知道怎么做的时候他会承认
	他会承认别人比他有更多的知识和技能
欣赏他人的成就	他经常注意到别人的长处
	他经常称赞别人的长处
	他会对别人的独特贡献表示赞赏
可教性	他愿意向别人学习
	他乐于接受别人的意见
	他乐于接受别人的建议

资料来源：Owens & Hekman（2013）。

此外，在企业背景下比较有代表性的量表是由中国学者欧意和徐淑英（Ou & Tsui，2014）开发的谦卑型领导测量量表，如表 2 - 3 所示。他们认为谦卑的动机和谦卑的行为不是同构的，在中国背景下应该对二者进行区分，因此需采用自我报告和他人报告相结合的方式进行测量。该谦卑型领导行为量表包括 6 个维度，18 个题项。其中，前三个维度是谦卑型领导的行为维度，与欧文斯等（2013）量表一致，后三个维度是认知维度，检验证明具有良好的信效度。我国学者陈翼然等（2017）在谦卑型领导对创新压力的研究中采纳并验证了此量表。

表 2 - 3　　　　　　　　　欧和徐提出的谦卑型领导量表

维度	释义
自我意识（察觉）	通过与他人交流，不断认清自我，能够勇于承认自己的不足和过失

续表

维度	释义
欣赏他人	通过认可并称赞他人的优势，实现他人提升而非自我提升的需求
开门纳言	敞开心扉向他人学习并接受他人的想法
低度自我中心	保持低姿态，不哗众取宠，不争名夺利
对自我超越的追逐	追求自我价值的实现，为集体和社会作贡献
超然的自我概念	放开自我，正确看待自我与他人及自然的关系

资料来源：根据欧意等（Ou et al.，2014）的资料整理。

第四节　谦卑型领导影响因素分析

谦卑是天生具有的还是后天培养的曾经是研究争论的焦点。先前有学者认为，谦卑本质是动态的并且能够发展或是退化的，维拉和洛佩兹（2004）指出，谦卑不是与生俱来的，是能够通过后天习得的优良品质。欧文斯用实证的方法表明谦卑是可以培养和提高的，在一个领导力发展项目的360度评价中，欧文斯（2009）发现在"领导者表现出了谦卑"一项的测量中，第一时间段和第二时间段测量结果相比较有了显著提高（time1 $M = 0.82$，time2 $M = 0.86$）；从组织背景考虑，学者们更倾向把谦卑看成能够习得和变化的行为而非固有的特质。综合现有文献，我们将谦卑的影响因素归纳为来自个体和情境两个方面。

一、个体层面因素

学者们选择了不同的角度对谦卑形成和影响因素进行研究。（1）个体价值观和宗教观。伊克斯莱和盖耶（2004）认为，谦卑来源于一种基于稳定的、可靠的个人价值的安全感，而不是来自成就、外貌和社会赞许等转瞬即逝的外部资源。这种安全感源自个人价值、宗教观以及人生经历等几个方面。欧文斯等（2009）研究发现，谦卑受到自尊的稳定感和宗教信仰、道德观的影响，稳定的自我价值感和谦卑呈正相关，对宗教信仰的坚定信念和认同感会预示谦卑。（2）人格特质。莫里斯（2005）等认为，个体差异性的变化水平会影响到谦卑的程度，他们在研究中发现自我意识、自恋、马基雅维利、自尊、情绪智能等个体特质对谦卑程度均有影响，认为较高水平的自恋会导致较低水平的谦卑，具有较高水平的情绪智能的个体，谦卑程度也会比较高。此外，罗瓦特等（2006）研究发现隐性自尊和隐性谦卑之间呈正相关。伊克斯莱和盖耶（2004）在研究中指出，那些具有较高自尊和较低自恋的个体更有可能积极地看待谦卑。欧文斯和赫克曼（2012）指出，能力会影响到个体谦卑的表现，一般较低层级的、年轻的和女性领导者很少会表现谦卑，因为一旦如此，他们会被认为是缺乏能力的表现。（3）人生经历。从个人经历方面看，主要的人生逆境或失败的经历以及谦卑的导师对个体谦卑的形成有重要的影响作用。比如，领导者的谦卑特质会因困难的人生经历，诸如困苦、失败和负面的反馈等得到促进，这些困难的经历导致领导者能够意识到自身的弱点或是放低姿态进而防止过度自我膨胀。（4）性别差异。研究中还包括性别的差异对谦卑的影响，如研究发现，男性的自恋水平一般高于女性，女性比男性有着更加谦逊的自我描述（Berg et al.，1981）。

二、情境因素

唐尼（2000）提到那些在特定情境中鼓励或是阻碍人们以一种谦卑的态度沟通的因素称之为情境因素。情境因素可以从社会文化因素和组织两个层面来分析。

社会文化因素上，学者们认为谦卑在不同文化属性上存在差异。有研究者指出，相对于美国个人主义文化，日本集体主义文化赋予了谦卑更高的价值（Markus & Kitayama，1991），并由此推断出，集体主义文化比个人主义文化更加推崇谦卑。在中国文化背景下，尽管谦卑的品质被认为是一种美德，但是谦卑型领导则处于较大的矛盾张力之中。这是因为，在中国文化中，下属对领导者既有依附性从而获取安全感又有抗拒性从而获得自主权的双重需求。也就是说，人们希望领导者具有威权（如家长式领导）的同时又是仁慈、讲情理的。领导者若单方面强调的谦虚、和善和他人导向很容易引起误解和文化偏见，这也是为什么谦卑型领导的有效性在国内遭到一些学者质疑的原因。

组织层面的影响因素主要体现在：（1）组织氛围。欧文斯（2009）将在工作场所影响谦卑表现的因素称之为情境因素，如心理安全感和相对的权力。他提出，心理安全的工作环境会促进工作场所谦卑的表现。皮特森和塞利玛（Peterson & Seligma，2004）发现于一个关爱与尊重的氛围中传达以现实为基础的反馈能够有效预测谦卑。（2）极端情境。欧文斯和赫克曼（2012）发现，在极端威胁和时间压力情境下，谦卑领导行为常常起到反作用或是引起下属对领导有效性的质疑。因此，时间压力和威胁的情境会影响谦卑的效果。（3）组织等级。欧文斯和赫克曼（2012）发现，过度强调等级观念的组织文化会对领导者谦卑有效性产生负向影响。他们认为，在等级程度较低的组织中，谦卑的个体通常以自我贬低或是幽默的方式来表现。相反，在等级程度较高的组织中，谦卑的个体则以比较严肃的方式来表现。在不同等级地位之间，谦卑的表现会受到相对于目标个体之间的权力地位的影响，对于高于自己地位的人表现谦卑相对困难，对于平等或是低于自己地位的人表现谦卑相对容易（Owens，2009）。

迄今为止，谦卑型领导的前因变量的实证研究非常有限。个体层面仅有王等（Wang et al.，2018）验证了自我发展理论和关系认同两个前因变量对于谦卑领导行为的预测性。组织层面，艾赫伦哈德（Ehrenhard，2014）以德国组织为研究背景，采用定性的研究方法调查了时间压力下谦卑型领导对员工创造力的影响，结果显示，时间压力下领导者表现出较弱的谦卑行为，相反更倾向于结构化的、干预式的领导风格。

第五节　谦卑型领导影响效果和作用机制

　　谦卑型领导风格和其他领导风格一样，经历了从理论上的探讨到实证检验的研究过程。早期以大学生为样本的研究都为后续组织背景下谦卑型领导行为的研究奠定了重要基础。例如，谦卑是一种能力而不是弱点，谦卑和领导能力之间有正向的关系（Exline & Geyer，2004）；谦卑具有积极的心理特质，谦卑是能够被有效测量的（Rowatt et al.，2006）；以及诚实—谦卑的特质和变革型领导的某种下属观点有关（Schyns & Sanders，2007）。随着谦卑的概念和量表逐渐清晰化，近十年来，越来越多的学者致力于谦卑型领导行为理论与实证的研究，深入探讨谦卑在组织中的有效性及边界条件（Owens，2013；Ou et al.，2014）。本研究对现有文献的影响效果和作用机制作如下归纳。

一、谦卑领导影响效果

（一）个体水平的影响效果

　　对个体本身而言，谦卑能够给个体身心带来好处。谦卑的个体由于低度自我关注，从而有助于减轻焦虑、沮丧、社会恐惧等征兆（Tangney，2000）。谦卑的个体能够准确地认知自我有助于促进积极的心理调适（Exline & Geyer，2004）。除了对个体自身，谦卑也有利于提升下属心理上的自由感，更好地激励下属进而增加工作投入（Exline & Geyer，2004；Owens，2009）。欧文斯（Owens，2009）进一步指出，谦卑与员工的幸福感、心理能力、真实性和较低的工作倦怠有相关性。

在组织背景下，已有研究发现，谦卑型领导的有效性表现在对员工态度、满意度、组织认同、心理授权等结果变量的影响上。欧文斯等（2013）通过 144 个样本的研究结果表明，谦卑与个体绩效呈正相关，且这种预测性超过了个体的自我效能、责任心和一般心理能力。另有学者指出，未来公司最大的难题不是来源于员工对薪酬的不满，而是不能得到组织的尊重。谦卑领导行为能够给予员工充分的尊重，继而产生更高的员工满意度（Vera & Rodriguez – Lopez，2004）。

国内研究中，曲庆等（2013）以 153 个团队为样本构建了多层次模型，研究结果得出，谦卑型领导行为对组织认同和领导有效性的影响显著。唐汉瑛等（2015）研究发现，谦卑型领导行为对下属的工作投入有显著正向影响。叶龙、王蕊（2016）通过对 21 家企业的 378 份调查问卷探讨了领导者谦卑行为与组织承诺、员工满意度和领导有效性之间的关系，结果表明谦卑型领导对以上变量均有正向促进作用。褚福磊、王蕊（2019）采用两阶段追踪调查的方法研究发现，谦卑型领导显著负向调节员工的资质过剩感与心理特权的关系，谦卑型领导通过一种示范效应降低了员工的"自我膨胀"行为。

此外，一些学者还着重探讨了谦卑型领导对员工创造力和创新行为的影响作用（刘新梅等，2019；Zhou & Wu，2018；陈翼然等，2017；王艳子等，2016；罗瑾琏等，2015）。研究表明，谦卑型领导对员工创造力有显著正向影响。有学者（Zhou & Wu，2018）对科技公司科技人员的研究结果支持了谦卑型领导对员工创新行为的促进作用。在谦卑型领导与员工创造力的跨层研究中，研究者发现谦卑型领导和员工创造力显著正相关（刘新梅等，2019）。此外，陈翼然等（2017）通过配对数据分析发现，谦卑型领导对创新时间压力与员工创造力间的倒"U"型关系具有明显调节作用，领导者的谦卑程度越高，二者倒"U"型关系越显著。谦卑型领导对个体水平的影响效果如表 2 – 4 所示。

表 2 – 4   谦卑型领导对个体水平影响效果

结果变量	具体变量	正/负影响	文献作者及年份
个体身心、幸福感	焦虑、沮丧、社会恐惧	负	Tangney（2000）
	积极的心理调适	正	Exline & Geyer（2004）
	好感度	正	Landrum（2004）
	心理上的自由感	正	Exline（2004）；Owens（2009）；Myers（1997）
	工作投入	正	Owens（2009）；Myers（1997）；唐汉瑛（2015）
	幸福感、心理能力、真实性	正	Owens（2009）
	工作倦怠	负	Owens（2009）
员工态度	工作满意度、组织承诺	正	Vera & Rodriguez – Lopez（2004）；叶龙、王蕊（2016）
	心理授权	正	Chang & Hea（2016）
	尊重	正	Vera & Rodriguez – Lopez（2004）
	员工组织认同、领导有效性	正	曲庆、何志婵等（2013）
	下属知识隐藏	负	袁凌等（2018）
	员工知识共享	正	王艳子等（2018）
	员工能力过剩和自我膨胀关系	负	褚福磊、王蕊（2019）
员工创造力	员工创造力	正	刘新梅等（2019）；王艳子等（2016）；罗瑾琏等（2015）
	员工创新行为	正	Zhou & Wu（2018）
员工绩效	个体绩效	正	Owens et al.（2013）

资料来源：根据相关文献整理。

（二）团队水平影响效果

现有文献中谦卑对团队层面的影响效果主要集中在成员关系的改善、团队学习的促进、团队创造力和团队绩效提升四个方面。

1. 团队成员关系改善

研究发现，具有谦卑特质的人往往是关系导向和集体主义导向的，他们会注重自己与组织中其他个体的关系（Brickson，2000）。莫里斯（2005）和他的同事发现，谦卑型领导者能够促进工作场所成员间相互支持和合作的关系。罗瓦特等（2006）提出了谦卑是最佳人与人之间关系中的重要因素。欧文斯（2009）通过对北美银行领导者的访谈发现，谦卑型领导其中一个重要的影响是其能够改善工作场所成员之间的关系。而一项监狱困境的叛逃实验中研究者发现，那些谦卑的男性需要更长的时间叛逃（Exline et al.，2000）。

2. 团队学习的促进

维拉和洛佩兹（2004）认为，领导者的谦卑对组织学习和组织弹性以及服务意识都会产生影响，从而有助于改善和提高包括组织创新、产出、灵活的工作环境等在内的组织绩效。我国学者张艳清和张秀娟（2015）也提出了谦卑型领导对组织学习具有促进作用理论观点。实证研究中，欧文斯等（2013）采用结构方程方法对704个雇员和218个领导者进行了实证检验，结果显示谦卑型领导和团队学习目标导向呈正相关；杨陈等（2019）对51个团队分阶段问卷调查的结果显示，谦卑型领导不仅直接影响团队学习氛围，还通过团队咨询网络密度产生间接作用。

3. 团队创造力与创新

国外学者通过73个团队小样本研究发现，谦卑型领导行为对团队创新有间接影响作用（Lurdes & Filipa，2017）。胡等（Hu et al.，2018）通过对中国72个团队的实证研究结果支持了谦卑对团队创造力的间接影响作用并揭示了作用机制。我国学者韩奉璋等（2016）基于高阶梯队理论对287家制造业实证研究发现，谦卑型领导对渐进性创新有显著影响。

4. 团队绩效

欧文斯和赫克曼（2015）以北美为研究背景，验证了谦卑型领导对团队绩效的直接影响作用和通过促进团队谦卑、团队潜力提升进而对团队绩效的间接促进作用。王等（2018）以中国MBA学生和科技企业为研究对象，首次采用实证的方法探索了谦卑型领导的前因变量，并揭示了谦卑型领导对下属工作绩效的间接影响和作用机制。谦卑型领导对团队水平影响效果如表 2-5 所示。

表 2-5 谦卑型领导对团队水平影响效果

结果变量	具体变量	直接/间接影响	文献作者及年份
团队成员关系	支持和合作	直接	Morris（2005）
	工作场所成员之间的关系	直接	Owens（2009）
团队学习	团队学习目标导向	直接	Owens et al.（2013）
	团队学习氛围	直接/间接	杨陈、唐明凤（2019）
团队创新	团队创造力	间接	Lurdes & Filipa（2017）; Hu et al.（2018）
	创新模式	直接	韩奉璋等（2016）
团队绩效	团队绩效	直接/间接	Owens & Hekman（2015）; Rego et al.（2017）
	下属工作绩效	间接	Wang et al.（2018）

资料来源：根据相关文献整理。

二、谦卑型领导理论的中介变量及作用机理

作为领导力中比较新的理论，谦卑型领导对下属影响的作用机制和边界条件的研究还非常有限（Owens & Hekman, 2012; Lurdes & Filipa, 2017; Wang et al., 2018）。本节按照不同的研究视角，从四个方面对所涉及的作用机制进行梳理：社会信息加工视角、创新成分理论视角、社会认知视角和高阶梯队理论视角。研究视角、中介作用机制和调节变量汇总如表 2-6 所示。

表 2-6 谦卑型领导影响机理相关中介、调节变量

中介变量	调节变量	结果变量	数据来源	理论视角	文献作者及年份
团队学习行为倾向		组织承诺	美国健康服务		Owens et al.（2013）

续表

中介变量	调节变量	结果变量	数据来源	理论视角	文献作者及年份
工作满意度		员工保留	美国健康服务		Owens et al. (2013)
团队谦卑、团队心理资本		团队绩效	跨国健康服务	社会感染	Owens & Hekman (2016)
团队心理资本、团队工作分配		团队绩效	中国、新加坡和葡萄牙健康护理、物流业、陶瓷、零售、银行等	社会信息加工理论（SIP）	Rego et al. (2017)
	时间压力	员工创造力	德国	创新成分理论	Ehrenhard (2014)
心理安全、心理资本		团队创新	亚洲（哈萨克斯坦）		Lurdes & Filipa (2017)
领导授权、TMT行为整合		工作投入、情感承诺、工作绩效	中国	SIP	Ou et al. (2014)
TMT行为整合、薪酬差异、二元战略导向		组织绩效	美国计算机软硬件公司	高阶层梯队理论、权力理论和战略悖论理论	Ou et al. (2018)
团队信息共享、团队心理安全		团队创造力	中国信息和科技公司	SIP	Hu et al. (2017)
核心自我评价		创新行为	中国	创新成分理论	Zhou & Wu (2018)
下属关系活力和情感耗竭		工作绩效	中国科技公司	SIP	Wang et al. (2018)
	权力距离	工作投入	中国生产制造、房地产、金融	自我概念衍生理论	唐汉瑛等 (2015)
心理安全	创造性员工自我效能感	员工创造力	中国科研院所、设计院和科技公司	社会认知理论	罗瑾琏等 (2016)
心理资本	权力距离	员工创造力	中国创新科技企业	自我心理认知	王艳子等 (2016)

续表

中介变量	调节变量	结果变量	数据来源	理论视角	文献作者及年份
内部人身份认知	员工不确定性规避	员工创新行为	中国高科技企业	个体特征和领导特征交互视角	王艳子、罗瑾琏 (2017)
组织认同	学习目标导向	知识共享	中国	SIP	王艳子、田雅楠 (2018)
心理需求满足	工作单位机构	任务绩效、创新绩效	中国西南组织员工	自我决定理论	杨陈、唐明凤 (2019)
组织支持感	领导能力	知识隐藏	中国知识密集型企业	社会交换理论	袁凌等 (2018)
团队咨询网络密度	社会断裂带	团队学习氛围	中国川渝工作团队	SIP	杨陈、唐明凤 (2019)
建言氛围	领导–成员交换差异 LMDX	员工创造力	中国	SIP	刘新梅等 (2019)
关系亲近性	下属归因的领导谦逊动机	组织公民行为	中国企业	共享关系理论	毛江华等 (2017)

资料来源：根据相关资料整理。

　　一般认为，社会信息加工理论是社会认知理论中的一种，二者都强调了个体的能动性，个体的信念、价值观和态度会对信息加工的结果产生影响。但是，二者尚存在细微的差别，表现在两个方面。其一，社会认知理论更强调心理活动的影响，领导者的如何激发、影响了下属的心理状态带来下属的行为改变，如心理安全感、积极乐观的心理特征、自我效能感等；社会信息加工理论则更体现了领导者作为一种环境信息源对团队氛围的塑造的影响，如建言氛围、学习氛围和创新氛围等。其二，我们通过梳理发现，社会认知理论多用于个体层面作用机制的分析，信息加工理论则多用来解释团队层面的作用机制。

（一）信息加工理论视角

社会信息加工理论（social information processing theory，SIP）最早是由杰勒菲尔德·萨兰基克（Gerald Salancik）和杰弗瑞·普费弗（Jeffrey Pfeffer）在 1978 年《工作态度与任务设计的社会信息处理方法》中提出。该理论认为，人们的态度和行为很大程度上受到周围社会环境的影响，通过对特定社会信息进行加工和解读，从而决定采取什么样的态度和行为。社会信息加工理论可以适用于组织的各个层面（Lau & Liden，2008；Rego et al.，2017）。在组织团队中，领导者常常作为重要的信息源对团队氛围的塑造和团队有效性具有积极的影响（Yang et al.，2018b）。研究发现谦卑型领导对下属的态度、行为和价值观均具有感染作用（Owens & Hekman，2016），能够促进团队成员的谦卑并帮助成员提升学习能力（Nielsen & Marrone，2018）。欧文斯和赫克曼（2016）以北美为研究背景，通过对 161 个团队的实证研究发现，领导者谦卑程度越高，下属也会模仿领导者的谦卑行为，进而形成了团队的谦卑文化，团队谦卑文化促进了团队整体潜能的发展并最终提升团队绩效。雷格等（Rego et al.，2017）以葡萄牙员工为研究样本探索了谦卑型领导有助于提升团队心理资本以及团队任务分配的有效性，继而提高团队整体绩效水平。欧意等（2014）基于 SIP 采用中国样本探讨了谦卑型领导的有效性。研究发现，谦卑型领导通过实施授权的领导行为，为高管团队营造了授权的组织氛围，促进了 TMT 的行为整合，最终促进了他们的工作投入、情感承诺和工作绩效。王等（2018）以中国 MBA 学生和科技企业为研究对象，基于 SIP 和领导谦卑扎根理论，首次采用实证的方法探索了谦卑领导的前因变量，并揭示了谦卑型领导通过提升下属的关系活力、降低情感耗竭促进了下属的工作绩效。王艳子、田雅楠（2018）研究表明，谦卑型领导通过树立学习榜样，营造有利于知识共享的氛围促进了员工的知识共享。刘新梅等（2019）从信息加工视角探讨了谦卑型领导与员工创造力的跨层作用机制研究。结果表明，建言氛围中介了谦卑型领导和员工创造力之间的关系，LMDX 调节该中介作用。当 LMDX 水平越低时，建言氛围对谦卑型领导与员工创造力的中介作用越显著。卢德斯和菲利帕（Lurdes & Filipa，2017）基于信息加工理论提出了真正的谦卑型领导会鼓励大家共同的行为，激发起积极的团队心理安全，并实证检验了谦卑型领导通过心理安全和心理资本对团队创新的影响作用。杨陈、唐明凤（2019）从社会信息加工理论视角探讨了谦卑型领导对团队学习氛围的影响机理，研究发现，团队咨询网络密度中介了二者的关系，并受到社会断裂带调节作用的影响。

（二） 创新成分理论视角

1983 年艾曼贝尔（Amabile）最早提出创新成分理论。该理论认为，个体创造力受到多个成分的影响，既有个体内部的技能、动机的影响，又受到外部成分如领导力的影响且外部成分会对个体内源性动机起到调节作用（Amabile，1997）。创新成分理论作为个体创造力外部因素的领导者，通过营造有利的氛围从而为个体创造力的内在动机提供了有力解释。艾赫伦哈德（2014）以德国组织为研究背景，采用定性的研究方法调查了时间压力下谦卑型领导对员工创造力的影响，研究表明，谦卑型领导通过影响员工的心理自由和工作自主性等内在动机进而影响了员工的创造力。胡等（Hu et al.，2018）基于团队创新成分理论，对中国 72 个团队的实证研究表明谦卑型领导对团队创造力的间接影响作用。其中，团队信息共享和团队心理安全感在谦卑型领导和团队创造力之间起到中介作用，团队权力距离调节了谦卑与团队信息共享和谦卑与团队心理安全的关系，团队权力距离越低，谦卑通过团队信息共享和团队心理安全对团队创造力的促进作用越大。周和吴（Zhou & Wu，2018）以中国为研究背景，基于创新成分理论实证检验了领导政治技能（创新成分中的专业技能）在谦卑型领导和员工创新行为之间的调节作用。研究指出，谦卑型领导的政治技能在谦卑型领导和员工创新行为之间具有正向调节作用，政治技能水平越高，越有助于员工之间的互相理解，建立以问题为导向的非正式网络关系，消除创新焦虑，鼓励下属投入有挑战性的工作，进而激发下属的创新行为。

（三）社会认知理论视角

社会认知理论（social cognitive theory）认为，人类活动是由个体行为、个体心理和认知和所处环境共同决定的。在组织管理中，社会认知理论对三个方面进行了解释：人们如何通过模仿而发展认知；人们如何发展对自身能力的信念，进而有效利用知识；人们如何通过目标系统发展个人动机（Bandura，1988）。罗瑾琏等（2016）从社会认知理论的研究视角探讨了谦卑型领导和知识员工创造力的关系，认为谦卑型领导有助于拉近领导与下属的距离，创造双向平等的沟通氛围，使下属获得安全的心理感知，进而提升了员工的创造力水平。王艳子等（2016）从员工自我心理认知视角考察了谦卑型领导和研发人员创造力的作用机制。研究发现，谦卑型领导通过自我察觉向下属传递了积极的心态和乐观的态度，而积极乐观的心理特征有助于强化员工的成就动机，对不足进行改进，进而提升自我效能感增加了工作投入，促进了员工的创造力。唐汉瑛等（2015）从自我概念衍生理论考察了组织自尊在谦卑型领导和下属工作投入的关系的中介作用。研究指出，谦卑型领导通过提升下属的心理自由，强化了员工自我概念中的积极的社会信息，提升了下属员工的组织自尊水平，进而对下属的工作投入产生积极的影响。

（四）高阶层梯队理论

近年来，组织中由于环境的复杂性和领导者个人能力的有限理性使得高管团队的行为整合成为研究热点之一。一些学者在战略领导力的研究中开始考虑到文化的影响，从权力距离、互动关系以及组织层面高管团队的整合等视角进行了探讨（Tharnpas & Sakun，2015）。高阶层梯队理论（Upper Echenlon Theory）最早由哈布里克和马森（Hambrick & Mason，1984）提出。该理论认为，企业战略领导者的认知能力、个人特征和价值观等心理结构决定了对有限信息的解释力并据此进行战略选择和与之对应的企业整体行为绩效（Hambrick et al.，1984）。我国学者欧意等（Ou et al.，2018）基于高阶层梯队理论、权力理论和战略悖论理论揭示了领导者越谦卑，TMT 整合性越好（合作性、信息共享、集体决策、共同愿景），公司由人际权力向共同权力转变，越倾向较低的报酬差异，更有可能采纳探索和开发的二元战略导向，最终获得更好的公司绩效。

本书还进一步归纳、总结了谦卑型领导在个体、团队、组织三个层面作用机制中的相关变量，如表 2-7 所示。

表 2-7　　　　　谦卑型领导研究中主要中介、调节和结果变量

层次	结果变量	中介变量	调节变量
个体层面	员工心理和态度：员工保留、工作投入、情感承诺、知识隐藏、组织公民行为、组织认同、员工创新行为、员工创造力	工作满意度、心理安全、心理资本、心理需求满足、内部人身份认知、关系亲近性、核心自我评价、情感耗竭、下属关系能力	时间压力、权力距离、学习目标导向、领导能力、员工不确定性规避、LMDX、下属归因领导谦卑动机
团队层面	团队绩效、团队创新、知识共享、团队学习氛围	团队学习目标导向、团队谦卑、团队心理资本、团队信息共享、团队心理安全、团队任务分配、团队咨询网络密度	权力距离、社会断裂带
组织层面	组织绩效	建言氛围、组织支持感、组织承诺、TMT 行为整合、薪酬差异、二元战略导向、领导授权	工作单位机构

资料来源：根据相关文献整理。

第六节　本章小结

通过现有文献梳理，谦卑型领导作为一种"自下而上"的领导风格在知识经济背景下获得了越来越多的关注，其相关研究结果对于理解领导力理论有着重要的意义。然而，谦卑型领导的理论仍然存在很

大的研究空间，如谦卑型领导对团队层面的作用机制和作用结果；在知识经济背景下，谦卑型领导对创新绩效的影响及其实施过程和行动过程等。为了能够深入探讨谦卑型领导对团队层面的影响效果，本章梳理了谦卑型领导的内涵和结构、影响因素以及已有研究成果，以期在此基础上展开进一步的研究。

第一，谦卑型领导的概念界定。谦卑型领导的概念最早于西方提出，并将其与"傲慢、自恋式"的个人英雄主义领导相对立，尽管特质导向的谦卑型领导有助于遏制领导者的自大，但也有可能被认为是缺乏男子气概和能力，而行为导向的谦卑型领导由外在情境控制所产生的不稳定性也使谦卑型领导饱受质疑，这也是为什么我国学者在行为之前增加了一个认知结构的原因。即便是相对完善的认知—行为结构对于谦卑的认知，仍然停留在自我内心的外部表现，仍然缺乏对于谦卑型领导与外围联系的关照。纵观谦卑型领导概念界定上的分歧，大多数假设领导的潜能隐藏于个体内部，与之相对的是情境作用的结果，但终归都没有摆脱人类行为遗传/环境二元解释中的观点。

欧文斯和赫克曼（2013）提出的关系—行为极具启发性。原因在于：其一，任何一种领导品质都无法独立存在，是在与"他者"的关联中更新对自我的理解。海德格尔（1962）指出，意识总是对某种东西的意识，除去意识的对象，就没有了意识。这也正是 19 世纪 30 年代许多研究者放弃了"内省理论"的原因。他们认为，当一个人试图观察自己的内部体验的时候，他的体验便已经因为这种观察行为而改变。也就是说，谦卑型领导产生于和下属的关系汇流之中，主体与客体具有共生性，在根本上是相互依存的。其二，关系视角下的谦卑型领导的概念与中国文化更为契合。在西方，受到人是行动自决主体这一西方启蒙思想的影响，人们思考的方式很容易进入有界性的个体维度。与之相反，中国儒家文化中"情、理、法"的变通一直以来渗透到了社会各个层面，包括企业组织，谦卑等领导品质很难成为独立于"关系共同体"之外的私有物，而是内嵌于组织文化的一种存在方式。因此，本书后续的研究将在"关系"视角下的谦卑型领导概念的基础上展开。

第二，谦卑型领导研究成果。从文献梳理来看，谦卑型领导在个体层次的研究成果相对丰硕，团队及组织层面的研究还十分有限。个体层次的结果变量集中在个体幸福感、态度改变、创造力和绩效四个方面，其中个体态度等短期效标变量的研究多于创造力、绩效等长期效标变量的研究；团队层面的变量涉及团队成员关系、团队创造力和团队绩效。谦卑型领导对团队成员关系改善、团队学习氛围营造和团队学习目标导向均有直接影响作用，对团队创造力和团队绩效也有显著正向影响，但在直接影响还是间接影响以及如何影响上存在分歧。谦卑型领导对个体、团队、组织层次的绩效均有显著影响，但研究集中关注谦卑型领导对任务绩效的影响作用，而忽视了对于创新绩效，特别是对于团队层面创新绩效的影响及作用机制研究十分缺乏。

第三，谦卑型领导作用机制及理论视角。本章通过对谦卑型领导的作用机制的文献进行梳理得出四个主要研究视角，即社会信息加工理论视角、社会认知理论视角、创新成分理论视角和高阶梯队理论视角。社会认知理论和创新成分理论主要针对个体层面影响作用机制提供的理论支持，社会信息加工理论不仅用于解释个体积极的心理能力，也适用于团队氛围塑造的动力机制；高阶梯队理论为组织层面谦卑型领导的有效性提供解释，高阶梯队理论支撑了谦卑型领导对组织高层管理团队心理结构影响的作用机制。从现有文献来看，不同的研究层次对应了不同的理论视角，团队层面主要采用了社会认知和社会信息加工理论，谦卑型领导通过影响团队成员的心理认知和动机进而影响了团队整体绩效水平。尽管以上研究视角从心理认知层面提供了有力的解释，但是仍然只单方面地考虑到了团队行动中内源性因素。这是因为，在知识经济背景下，组织需要领导者和团队成员能够具有可教性，主动获取新知识、新观点，向他人学习。领导者对知识和学习的渴求被看作重要的素质。领导者如何提升团队学习效率对于组织获取竞争优势至关重要（Dane & Pratt，2007）。谦卑型领导经验的开放性和可教性受到了学者们的一致认同

（Owens，2009）。这一行为特点为下属提供了建言的合理性（Cropanzano et al.，2007）。然而，现有研究集中关注了谦卑型领导对下属心理状态的影响（Rego et al.，2017；Lurdes & Filipa，2017），缺少谦卑型领导与下属动态行动关系的探讨，也缺乏团队互动中的完整的解释力。这也为本书后续研究提供了思考的空间和进一步研究的可能性。

第三章　团队知识行为、学习行为及创新理论分析

　　知识一直是人类历史发展的核心主题，借助知识可以摆脱愚昧、获得发展。知识创造能力是企业在不确定环境下保持创新的关键。近些年来，知识作为管理资源和权力的重要性在组织领域、技术管理和管理战略中都得到了越来越多的重视，许多学者开始把知识的管理进行理论化。保罗·S. 麦耶斯（1998）在《知识管理与组织设计》一书中汇总了以知识管理为导向的组织设计理念，揭示了知识管理对现代组织管理的重大影响。知识管理是通过有效识别和利用组织内的集体知识来帮助竞争（Von Krogh, 1998）。大多数知识管理的定义都将重点放在知识的获取、改善与转移、知识共享与整合等行为和实践的重要性上。日本"知识创造理论之父"野中郁次郎（2019）在其著作《企业知识的创造》中指出，对于商业组织中的知识需要关注两个层面，即企业知识不仅是"处理"知识，而且还要"创造"知识，而后者往往被忽视。知识和学习是一对孪生子，通过学习可以创造知识，团队学习是集体思考和行动发挥核心作用的关键环节，创造了一种鼓励持续搜索和不断反思的行为环境，有助于团队成员出现更多的创新行为（王莉红等，2011）。本书旨在探索基于知识驱动的团队创新过程，认为团队知识获取、团队知识共享、团队学习行为和团队创新绩效有着密切的关系。因此，从这些相关的变量入手，对其相关理论和文献进行梳理和综述。

第一节　团队知识获取

一、知识获取与团队知识获取理论梳理

知识获取的研究始于经济学视角下对于经验产品的学习，后又发展到信息技术（Huber，1991）和组织管理层面（韦于莉，2004）。格兰特（Grant，1996）指出，知识是企业在不确定环境下生存和发展的关键资源。知识的获取是知识转移和创新的前提（张润彤，2002），组织知识管理中一个重要的任务就是获得组织之前不具有的知识（Huber，1991）。从某种程度上说，企业的知识储备决定了不同企业在创新效率上的差异，而对于知识的新陈代谢能力则解释了为什么一些企业比其他企业更富有创新能力（Wong，2004）。胡贝尔（Huber，1991）详细提出了个体获取知识的五个过程：初始学习（congenital learning）、实验学习（experimental learning）、替代学习（vicarious learning）、移植学习（grafting）、搜寻与注意（searching and noticing）。

此后，学者们从不同视角对知识获取进行界定，大致分为两类。第一类，信息技术视角。该视角将知识获取作为单纯的技术概念，是从大量未处理的数据中发现有用的和有规律的信息（Pawlak，2002），从外部知识源向计算机内部的转换过程，并按照一种合适的表示方法将他们转移到计算机中。例如，米基廷（Mykytyn，1994）将其描述成直接从专业人士那里获取信息。韦于莉（2004）将知识获取定义个体将为未经组织的文档、数据等（显性知识）和存在于人脑的专家技能（隐性知识）转化为可复用、可检索形式的知识。第二类，组织管理的角度。该视角下知识获取的定义尚存在一定分歧，多数组织领域学者认为知识获取是单维的，强调其对知识搜寻的过程，即"以某种特定的形式获取知识的过

程"或"从某处获取已经存在的知识"（Rusly et al.，2012）。其中，王等（2014）给出明确的个体层面知识获取的定义，认为知识获取是个体有目的地搜寻其他成员的专业技能、经验、洞见或者观点的过程。另一些学者从多维度的角度界定了知识获取。此类界定除了强调了信息的搜寻，还进一步融合了对获取来的知识的解释和应用。奥芬比克（Offenbeek，2001）认为，知识获取是信息获取的过程，包含着监控和探查两个相互补充的过程。监控是被动地对环境内外信息进行搜寻，用来确定问题和机会，而探查是根据企业的需要积极地搜寻环境信息。刘锦英（2013）认为知识获取应包含多个维度，关注以下问题：企业创新思想的来源、知识获取的方式、知识获取的技术手段和转换过程、知识和信息的交换与加工方式。王立生（2007）认为，知识获取是企业与外部互动过程中取得、理解和应用相关知识。此外，也有学者依据知识源的不同，对知识获取进行界定。这一类学者认为，内部知识获取是通过内部研发、交流等方式获取的新知识，而那些通过企业外部的搜寻、合作、互动等外部社会网络促进知识流动的行动称为外部知识获取（吕兴群，2016）。

通过梳理知识获取的相关文献可以发现，个体层面的研究相对丰富，学者们从知识获取的影响因素（吴晓波等，2007；李纲等，2010）、知识获取的路径选择（Sen，1989，1990；Cohen & Levi，1989，1990；Birasnav et al.，2013；王希泉等，2014）、知识获取模式（刘锦英，2007）等方面展开研究。但是，学者们认为，除了个体层面的效果，团队无论在效率还是创造力上都没有表现出其应有的战斗力。团队知识获取和共享常常面临困境，这是因为团队成员很难具备所有项目所要求的知识，在完成任务之前需要额外地获取知识，这些额外的知识可能来自相关资料、培训、试错或者其他团队成员。有学者将这种现象称为"知识峡谷"（Chandler & Lyon et al.，2009），并认为"知识峡谷"的存在主要是由于团队组建的原则不是来自技能互补而是兴趣一致性（Chandler et al.，2005），技术的更新以及团队内部新成员的吸纳改变了团队的初始状态（Hanks et al.，1993）。

团队知识获取被认为是员工创造力的关键信息来源。对团队知识获取明确定义的文献不是很多。绝大多数学者认为团队知识获取能将团队外部来自市场的、技术的、消费者的信息和多元化知识进行聚合，是对个体知识的有益扩充。如闯等（Chuang et al.，2016）指出，团队知识获取是在团队先前不具备相关知识的情况下向团队外部获取直接或间接的知识资源。克里斯汀等（Christin et al.，2004）提出，团队知识获取是与企业外部或内部团队互动过程中所取得的知识。我国学者吴晓冰（2009）从团队角度将知识获取定义为通过与创新网络中其他的主体互动所获得的知识，并在此基础上形成对知识的理解和应用。此外，得益于社会网络分析方法，一些研究集中探讨了知识获取的方法和过程。例如，汉森（Hansen，1999）认为，在知识传递过程中，弱联结更有助于简单知识的传递，促进事实知识和显性知识的分享，而强联结对复杂知识和隐性知识的传递更有效。我国一些学者从社会网络理论中"弱联带优势"和"社会网络定位"的理论视角阐释了组织中知识获取和知识共享的过程和模式。例如，王海花（2012）引入结构洞理论，探讨企业外部知识网络能力的结构与测量问题，提出了"一纵一横"的企业外部知识网络能力对知识获取的提升途径。

二、领导风格与知识获取研究梳理

一般来说，一个企业的知识链通常包括知识的识别、知识的获取、知识的传递、知识的储存以及知识产生价值的评价等，在这个知识链上，形成了一条知识流。领导者能够创造条件培养或训练下属知识技能，提供知识资源和获取知识的途径，塑造良好的知识习得环境（Bryant，2003）。已有研究发现领导风格对组织中知识行为有重要的预测作用（Nguyen & Mohamed，2011）。例如，博什等（Bosch et al.，2010）通过比较变革型领导和交易型领导发现，变革型和交易型领导对知识管理过程都具有相关性，变革型领导通过频繁的沟通和帮助下属精炼他们的技能提供所需要的知识，而知识导向型的交易领导则是通过对知识行为的奖赏和控制进行知识管理。波利蒂斯（Politis，2001，2002）研究发现，变革型领导和交易型领导都和知识获取显著正相关。具体维度上，领导魅力和智力激发两个维度和知识获得显著正相关，个人关怀和权变奖励和知识获取显著负相关，并揭示了权变奖励会对知识员工自主权产生影响进而降低对员工的激励效果，而员工自主权可以提升组织成员寻找有价值信息的机会从而促进组织知识创新。然而，另一项实证研究的结果对领导者在知识管理过程中单方面强调员工的自主权持不同意见。他们认为，应该平衡员工自主权和监控之间的关系，领导者既要指引方向和监控绩效又要给团队提供一定的自主权（Eppler & Sukowski，2000）。

三、知识获取与创新研究梳理

"知识峡谷"迫使企业在创新过程中不断向外部获取知识。研究发现，知识获取不仅能促进个体学习有效性（Kankanhalli et al.，2005），同时能提升个体创造力（Dong et al.，2017）。知识获取按照知识源的不同可以分为内部知识获取和外部知识获取。多数研究认为内、外部知识获取对企业创新均有促进作用（Caloghirou，2004；Torraco & Swanson，1995）。一些学者强调了外部知识获取的重要性。例如，外部知识获取对组织而言更具有互补性，有利于缩短项目完成时间，促进企业创新（Wong，2004；Hansen，2002）。布鲁恩（Zellmer - Bruhn，2003）认为，当企业面临动态多变的环境时，外部知识获取能帮助企业降低不确定性风险。格兰诺维特（Granovetter，1973）认为，弱联结群体可以跨越不同的信息源，起到沟通网络中异质群体的作用，降低了获取知识的难度和成本，使群体成员更能关注核心业务。我国学者耿紫珍等（2012）运用162个企业样本，证实了市场知识获取与技术知识获取对组织创造力的促进作用，建议企业要积极获取外部市场知识和技术知识。

　　然而，另一些学者认为外部知识获取并不总是能发挥应有的作用（Berchicci，2013）。例如，过度搜寻会抑制创新（Cohen & Levinthal，1990；Berchicci，2013）。实证研究中，贝德伯斯（Belderbos，2004）研究结果表明，外部知识获取和创新绩效间的倒"U"型关系。赵蓓（2017）通过对134家福建企业的问卷调查发现，当组织拥有庞大的知识体系时，外部知识获取所导致的知识冗余和管理成本的上升，是不利于组织的突破式创新和绩效表现的。由于外部知识获取对企业创新绩效的研究存在的分歧，使得研究的焦点转向了通过对内外部知识获取的整合来共同促进创新绩效。李纲（2010）研究发现，企业的内部知识共享和外部知识获取之间存在交互作用，企业内部共享水平的提高会加强外部知识获取对产品创新的促进作用。刘锦英（2007）通过实证分析了不同知识获取模式（内外部知识获取模式）对企业创新绩效的显著正向影响并发现内外获取模式存在互补关系。

第二节　团队知识分享

一、知识共享与团队知识共享理论梳理

　　知识共享由 knowledge sharing 翻译而来，研究中常常和知识分享通用。知识共享包括提供和收集知识的过程（Bart & Ridder，2004），前者是指个体向他人分享知识的意愿，而后者是指个体进行知识寻求、采纳和获取有效的知识资本及其原理的过程（Vries et al.，2006）。知识共享被看作知识管理的关键（Zhang & Cheng，2015），伴随知识管理而生，研究中通常将知识共享的行为、能力、态度等作为定义知识共享的关键词。有效的知识共享有助于成员的知识互补和合作，对于组织宽泛学习十分重要（Zareie & Navimipour，2016）。

学者们从不同视角对知识共享的概念进行界定。安世虎（2005）将知识共享的概念总结为四种学说：沟通学说、共有学说、转移与学习学说以及行为学说。谢卫红等（2014）将知识共享的内涵划分为三个视角：一是过程视角，即知识共享是组织成员沟通的过程（Hendriks，1999），也是组织内部知识参与市场的过程（Davenport & Prusak，1998）；二是心理学视角，知识共享是团队中人与人之间的相互理解与尊重，关注了知识交换、转移中的心理机制（Lu et al.，2006；余光胜等，2006）；三是行为视角，即知识共享是组织成员将相关信息资源向组织其他成员进行传播的行为，将知识共享看成特定环境下的员工行为（Tsai，2002；周国华等，2014）；四是从交易成本视角将知识作为稀缺资源，强化了知识交换过程中的理性决策。

知识共享行为体现在组织的不同层次上，既包括个体与个体之间的知识传递和转移，也包含个体与团队交互层次，以及团队之间与组织之间的知识共享，根据具体情境、层次不同，其内涵也有所差异（Sergeeva & Andreeva，2016）。本书关注团队层面知识行为的变化，因此主要针对团队层次的知识共享的概念和理论进行梳理。团队层面知识共享概念界定大致可分为三种取向。（1）结果视角。穆勒（Mueller，2014）提出，团队知识共享是通过在团队范围内的分享知识以促进知识分享活动并获得更好的绩效结果。（2）过程视角。索利－萨瑟等（Solli－Sather et al.，2015）认为，团队知识分享是团队成员间反复试验、反馈、双向调整过程。沈旺等（2017）提出完整的团队知识共享过程是团队成员将知识通过各种方式传递、共享给其他成员，其他成员通过理解、吸收后利用到自己工作的过程。（3）行为视角。一般认为，团队知识共享是帮助团队成员内部进行知识交换的行为。闫（2016）提出，团队内部知识分享是团队成员之间彼此分享独特知识的行为。尽管学者们对于团队知识共享的概念所强调的方面有所不同，但都没有离开团队成员之间的交互本质。

知识共享的学术研究结果比较丰富，本章通过梳理，将研究视角大致分为以下四类。

其一，社会网络理论视角。该理论是由怀特（H. White）等于20世纪60年代从数学的图形理论发展出来的一套数学分析方法，它可以有效地对网络结构进行测量，后衍生为社会网络分析（social network analysis，ANA）。社会网络分析可以确定组织内各种关系的模式，如确定领导者和关键的信息瓶颈、增强知识流动的机会等（王平，2006），为知识管理者提供了有效的分析工具。秦红霞（2010）建立了企业内部知识共享网络模型，企业知识共享具有社会网络的嵌入性，企业内部网络的联结特征和结构特征决定了企业知识共享的质量、时效和范围。潘玮（2014）选取了某医药销售团队作为研究对象，构建工作绩效指标体系对员工知识量进行量化，通过员工在知识网络中的联系强度和中心度对其共享意愿进行量化，从而推导出企业内部隐性知识共享效率的测度方法。任志安（2007）提出了"网络关系与知识共享的关系"分析模型，用以分析知识共享行为。邱均平（2011）从网络关系、网络位置和社会资本三个视角，提出了企业内部知识共享机制构建的建议。廖开际等（2011）提出了基于知识和社会网络的组织层面的知识共享网络模型和构建方法，并进一步探讨了该网络模型对组织中主体间知识共享的影响过程。

其二，社会交换理论视角。社会交换理论受到古典政治经济学的交换思想、人类学的交换思想以及行为心理学的影响。在组织行为研究中，社会交换理论多用于解释知识共享行为。

在个体层面，研究发现物质交换和非物质交换都对个体知识共享的意愿和动机产生影响。现有观点认为个体知识共享并非一种自发行为，学者们指出知识共享的行为受到个体共享动机的影响，既包含自我价值、利他行为、尽责性人格和开放型人格和社会资本等内在动机（钟竞等，2016；沈旺，2017），也包括经济回报、人际互惠、声誉获得、相互信任等由外在目标驱动的外在动机（钟竞，2016）。但是，对于经济奖励等外在动机的影响效果上至今仍存在争议，尽管一些研究认为物质奖励是促进团队知识共享的重要因素，但仍有研究提出组织奖励仅能短时间内促进知识共享，不能成为其根本驱动力。

团队知识共享表现为多个团队成员间频繁且清晰的互动沟通变得更加复杂（Zhang & Cheng，2015）。近年来，越来越多的学者将知识共享与团队情境变量相互融合，考查了团队层面的人际互动（Wu et al.，2007；Staples，2008）、团队特质（Hsu et al.，2011）、团队组成（Pinjani & Palvia，2013；王兴元等，2013）、团队认同感（Tang，2014）、领导力（Yang，2007）以及团队授权和团队社会资本（He et al.，2014；Tang，2014）对团队知识共享的预测作用。另一些研究集中探讨了社会关系对团队知识共享的影响。研究发现成员之间建立熟悉的社会关系，培养良好的情感关系，可以提高彼此之间的信任水平，进而促进知识共享的意愿（刘慧敏等，2007）。萨克曼和弗里索（Sackmann & Friesl，2007）实证研究发现成员之间亲近的社会关系会显著影响知识分享。刘等（2011）研究发现个体成员与团队成员交换程度（TMX）有助于提升个体绩效和团队成员的承诺，因为具有较高水平成员交换程度的个体更倾向于帮助其他成员分享信息、观点并作出反馈，而较好的社会关系是团队成员相互之间信任得以建立的基础。马等（Ma et al.，2008）检验了项目团队知识分享的情境因素并讨论不同因素与分享意愿之间的关系，研究结果表明信任对知识分享的促进作用。但是这一结论没有得到一致认同，有学者研究发现，信任、分享语言和合作对于知识分享的影响不显著，而分享愿景更显著促进成员的知识分享（Annadatha，2013），原因是持续性信任会反过来制约新信息和不同观点的吸收，导致团队成员思维固化（Nahapiet & Ghoshal，1998）。

其三，激励理论视角。激励理论将激励分为内在激励和外在激励，不同的激励机制对知识共享的影响效果也不尽相同。组织激励与个体知识共享之间的关系尚未达成共识，一些学者认为组织激励策略能够促进知识共享。例如，朱少英等（2008）研究发现，当团队的领导者通过明显的奖励措施来处理下属的行为时，员工更愿意进行知识共享。刘臣（2014）建立了知识共享博弈模型，研究表明，组织能够实现知识共享取决于激励策略、组织知识结构，以及知识共享的初始状态三个因素，在满足稳定域的条件下共享知识才能成为进化稳定策略。而另外一些研究却得出了组织激励会削弱个体知识共享的结论（金辉，2013）。

此外，根据组织激励策略的影响机制，学者给出了许多可供选择的促进知识共享的激励策略。例如，尹飞（2009）通过分析企业知识共享的提供方和接收方障碍，提出促进企业内部知识流动，实现知识共享，给予知识薪酬、知识股权等物质激励，以及情感成就激励、知识共享晋升制度、知识共享福利制度等非物质激励。王艳艳（2004）提出，为了促进企业知识共享，薪酬制度应遵循以下四项原则：报酬与知识共享的绩效密切相关的原则、面向个人的薪酬策略与面向团队的薪酬策略相结合的原则、物质报酬与精神报酬相统一的原则、薪酬制度与其他企业制度建设相结合的原则。

其四，组织文化视角。组织文化对组织的知识管理有着显著的影响。国外学者的研究发现，信任、合作及开放性的文化氛围都有助于组织中的知识管理。缺少沟通或非平等的沟通文化会阻碍知识获得和知识分享（Mengis & Eppler，2008），支持性的文化对正式分享和非正式分享有激发作用（Wang & Noe，2010）。穆勒（Mueller，2012）考察了知识分享发生的文化背景，他们发现在非正式的工作环境下知识分享更容易产生。

二、领导风格与知识共享

通常认为，团队中的知识共享不会自动生成，领导风格常常被看成影响知识共享的重要前因变量（Yang，2007）。团队领导需要协调团队内部不同观点并为团队成员提供真实和虚拟的沟通环境（Eppler，2000）。张和程（Zhang & Cheng，2015）调查了工程团队中知识型领导对知识分享的影响，结果表明，知识型领导通过团队社会资本间接影响知识分享，有效的知识分享取决于知识型领导是否建立了知识愿景并促进了信任和合作的团队氛围。而卡迈利等（Carmeli et al.，2013）研究表明，高层领导支持行为既会直接影响知识分享也会通过营造团队氛围间接影响知识分享。我国学者对多种领导风格和知识共享之间的关系进行了实证研究，并进一步分析了领导者对知识共享影响的边界效应。朱少英、齐二石（2008）研究发现，团队领导者的奖惩分明会促使团队成员进行知识共享，工作导向和人际导向的变革型领导均会对团队成员知识共享产生正向影响。吴磊、周空（2016）研究结果表明，家长式领导显著影响了员工的知识共享，主管信任在威权领导与知识共享之间具有中介作用，而在仁慈领导与知识共享之间起到了部分中介作用。另外一些研究表明，领导支持感与团队成员知识分享之间不存在显著相关性，他们认为这和软件项目团队较少的领导支持行为有关（Wickramasinghe & Widyaratne，2012）。另有学者检验了项目团队影响团队知识分享的关键因素，他们发现领导风格和授权对于团队知识分享没有显著影响（Ma，2008）。

三、知识共享与团队创新研究梳理

企业知识分享通过对现有知识的有效利用和探索新领域进行知识再造，对于提升创新绩效有重要的作用（Caloghirou，2004）。有学者提出，知识共享过程不仅是体现在知识转移，还包括了一定程度上的知识创造（谢卫红，2014）。赫托格（Hertog，2000）认为，知识分享通过专家咨询和经验分享等途径可以促进创新。国内外一些实证研究表明知识共享对创造力和组织绩效均有正向促进作用（Mueller，2014），对团队创新也有显著正向影响（王兴元等，2013；王艳子等，2014）。例如，胡塞因（Hussain，2016）实证研究发现知识分享对服务创新绩效有显著正向影响。刘等（2011）考察了TMX、知识分享和团队绩效之间的关系，研究发现TMX提升团队承诺以及团队成员对科学知识的分享意愿，进而促进了工程团队的团队绩效和创新。此外，知识共享意愿与团队创新行为及知识获取行为的交互作用的研究也获得了一定的进展。例如，王士红等（2013）引入知识共享意愿作为中介变量，研究结果表明知识共享意愿在创新氛围感知和友好关系氛围感知与员工创新行为关系中均起到部分中介作用。但是，另有研究指出，知识分享通过影响知识应用促进团队绩效，单纯的知识分享对知识创新是不足够的，组织必须保证分享的知识真正能够应用才能提升团队绩效（Choi et al.，2010）。

第三节　团队学习行为研究综述

一、组织学习与团队学习行为理论梳理

组织学习一般可分为个人、团队和组织三个层次。个人是组织学习的基础要素和直接动因，团队学习体现了集体学习的过程，包含了个体和团队的学习经验。怀特（Wright，1936）学习曲线的提出代表了量化集体学习的首次尝试。该曲线表明组织生产成果的增长归因于员工集体知识和学习程度。个体和团队的学习经验被转移到组织，会影响组织未来的学习活动（Schilling & Kluge，2009）。1978 年，阿格里斯和施昂（Argyris & Schon）在《组织学习：行动维度理论》一书中系统提出了"组织学习"理论，后经马奇（March，1988），胡贝尔（Huber，1991）等对组织学习的理论进一步丰富和发展。胡贝尔（1991）将组织学习看作一个由知识获取、知识分配、知识理解和知识记忆四个过程组成的信息加工的过程。菲尔和莱勒斯（Fiol & Lyles，1985）认为组织学习是通过更完善的对知识的理解，产生新的知识结构的过程。知识作为基础要素贯穿于组织学习的始终，当知识过时或不足时，企业可以通过组织学习活动来创新和创造新知识，以应对挑战。克罗森等（Crossan et al.，1999）构建了经典的4I模型，揭示了个体知识通过解释、整合达成共识形成团队知识转移和记忆过程。

　　团队学习概念的界定大致可分为两个视角。一是学习过程视角，如阿格里斯和施昂（1978）认为团队学习是识别和修正错误的过程。森格（Senge，1990）提出团队学习是团队成员整体匹配与持续性行动的过程。吉布森等（Gibson et al.，2003）将团队成员学习理解为群体成员获取知识、相互分享和整合的活动过程。艾德蒙森（Edmondson，1999）认为团队学习行为是团队成员共同参与的集体性反思和持续行动过程。卡索（Kasl，2000）提出团队学习是集体思考和行动相互作用进行知识创造的过程集。吉布森和维梅伦（Gibson & Vermeulen，2003）进一步将团队学习行为描绘成实验、反思性沟通和知识编码三类子因素。其中，实验是指尝试新想法、新方法的行动，反思性沟通是团队成员试图表达他们正在思考、推断、理解的行动，知识编码是将隐性知识转换为显性知识并最终应用的过程。陈国权（2007）认为团队学习是通过获取知识、改善行为来优化团队体系，使团队在变化的环境中保持良好和谐发展的过程。二是突出团队学习的结果层面，如库克和亚诺（Cook & Yanow，1993）直接将团队学习定义为一种产出，当团队绩效不发生改变时，意味着团队内没有学习行为。由此可见，两个视角的差异关键在于团队学习的过程是否直接导致团队学习的结果即绩效的改善。对于这一问题，一些研究将二者混淆，并未作区分，而另一些学者则提出疑问，如巴斯（Bass，1997）在变革型领导力的研究中指出不是所有的团队学习都能改善团队绩效。这意味着团队学习过程不必然带来团队绩效的改善，二者之间可能还存在其他中介变量的影响。

　　组织学习理论研究中与组织学习齐头并进的概念是"学习型组织"，是指有意识地建立合适的结构和平台以推动和扩大组织学习的企业或组织。两个概念有一定的联系但存在差别。陈国权（2008）认为，组织学习强调了学习行为、学习过程、学习机理、学习能力等要素以及影响因素；而学习型组织则主要关注了组织系统的构成及其特征，以及如何建立学习型组织，可以将二者相结合和互动，形成"学习型组织的整体系统"。由于组织中的团队具有获取多元化知识和信息的能力，近来，大多数企业采用工作团队作为基本的组织结构开展创新工作，即"学习型团队"。与学习型组织的知识转移过程类似，学习型团队以团队学习为基础，通过群体交互上升并储存在团队层面形成团队知识。而团队学习以社会互动为核心，通过社会互动团队成员能够对工作任务、个体职责和团队角色有共同的理解，团队成为个体和组织之间的重要连接要素。团队内部需要假设、讨论与知识交流、分享观点。当团队对于成员分享失败的经验教训表示欣赏和接受时，成员自信获得增强，进而促进学习行为（Edmondson，1999）。德库佩等（Decuyper et al.，2010）从动态视角阐释了团队学习行为的过程模式，认为团队学习行为是一系列动态沟通和促进的过程，并最终致力于个体、团队和组织三个层面的绩效改善。我国学者钟竞等（2016）基于克罗森的组织学习动态4I模型，提出了团队成员自发外部搜索的知识整合理论模型，揭示了从个体知识获取和分享到团队学习和吸收，并将外部知识整合内化，最终形成共识的全过程。

二、领导风格与团队学习行为研究梳理

在诸多探讨路径中，领导行为与团队学习行为之间的关系受到了众多学者的关注，其实证研究结果大致可分为两类。

一些研究将团队学习行为作为校标变量探索二者的直接影响作用。例如，诺鲁兹（Noruzy，2013）以不同规模制造企业为研究对象发现变革领导对企业知识管理和组织学习活动均有直接影响，并且通过影响组织学习进一步影响了组织的知识管理。黄（Huang，2014）实证检验了分享型领导对团队学习的影响效果。研究表明，分享型领导在直接影响团队学习的同时也通过团队知识分享间接影响团队学习，随着团队规模扩大，分享型领导对团队学习的影响越显著。刘冰等（2017）研究发现，建筑业项目团队中时间领导对团队学习行为有显著正向影响，时间共识中介了时间反思和团队学习行为之间的关系，时间反思和时间共识

又连续中介了时间领导和团队学习行为之间的关系。于海波等（2009）探索了家长式领导的三个不同维度对组织学习的影响作用，发现仁慈型领导对组织学习的六种学习方式都具有促进作用，德行型领导除了开发式学习外，对其他五个维度均有显著积极影响，威权型领导对组织间学习、组织学习、团队学习和利用式学习存在显著积极的影响。

另外一些研究探讨了团队学习、组织学习在领导风格和组织绩效之间的中介作用。萨哈亚（Sahaya，2012）的研究发现，组织学习在领导者风格和企业财务绩效之间发挥着中介作用。王永伟（2016）研究表明，变革型领导和组织学习倾向对技术创新能力具有显著正向影响，组织学习倾向在变革型领导行为与技术创新能力之间起着中介作用。

三、团队学习与团队创新研究梳理

团队创新是创新团队将团队内外甚至组织外的知识按照一定原则重新组合的过程，其关键机制是团队学习（Lynn，1999）。团队学习行为是团队高质量互动的基础，通过有效的互动，团队成员对团队的工作任务、个体责任、团队角色和工作目标能够达成有效的共识。现有研究中，相对于个人、组织和环境等团队学习行为前因变量的研究，对团队学习行为结果变量的研究关注不够（Schilling & Kluge，2009）。结果变量的研究中，团队学习与组织绩效的关系研究是其中的重要研究领域（Edmondson et al.，2001，1999）。一些实证研究结果表明团队学习对团队绩效有直接正向影响（Cavaluzzo，1996），同时也通过心理安全感等中介变量对团队绩效有间接影响作用（Edmondson，1999）。尽管团队学习行为也被看作团队创新发展的重要前因变量，然而，对于团队学习行为和团队创新之间关系的实证探讨十分缺乏。仅有一些相关研究支持了学习倾向对创新正向影响作用（Vandewalle，2001；王永伟，2016）。此外，我国学者王莉红等（2011）研究发现，团队学习行为与个体学习倾向的交互作用对创新行为有显著的正向影响。

第四节　团队创新绩效研究综述

一、团队创新绩效理论梳理

（一）团队创新绩效的概念

通过对国内外重要期刊团队创新绩效的文献梳理可以发现，学界对其概念和结构的界定存在着很大的差异。达曼泼尔（Damanpour，1991）最早探讨了创新绩效和组织创新的影响要素。他将组织创新划分为管理创新和技术创新，后经一些学者验证了组织创新、技术创新与组织绩效的关系并进一步探索了创新绩效的影响因素。

团队创新绩效的概念是在组织创新绩效概念的基础上衍生而来。在组织管理中，创新绩效有广义和狭义之分，广义上的创新绩效既包含创新水平又包含创新结果，狭义上的创新绩效更强调实际产出和服务（侯二秀、郝唯汀，2012）。但至今为止，团队创新绩效的概念并未获得学界的共识，由于关注视角的不同，众说不一。一些研究强调了团队创新绩效的应用和结果层面，认为团队创新绩效是有目的地对团队内部的某些观点、思想和技术方法的创新性使用而带来的经济效益的提高。如莱弗雷斯等（Lovelace et al.，2001）将团队创新绩效细分为团队产品创新性、新想法的数量、技术绩效和对变革的适应性四个层面；而另一些研究从过程来进行界定，如赫尔舍格（Hulsheger，2009）将团队创新绩效定义成知识创造和知识集成两个核心过程，知识创造描述的是新观点、新思想的产生，知识集成强调通过知识转移、知识共享、知识整合实现创新的成果；再有，从目标层面对团队创新绩效进行界定，如侯二秀等（2013）界定团队创新绩效是运用某些方法、观点，促使团队成员达成创新目标，推动创新提高的过程。

（二）团队创新绩效的结构和测量

团队创新绩效的维度划分以二维和三维的分类方法居多。二维视角下的团队创新绩效中，阿马比尔（Amabile，1988）将创新绩效分为创新行为和创新结果两个维度；伯曼（Borman，1993）提出团队创新绩效除了包括团队创新行为还包括团队创新的构想；我国学者朱少英（2008）将团队创新绩效划分为团队创新能力和团队创新行为两个维度，在后续的研究中有学者发现创新能力、创新行为与创新绩效正相关，研究结论支持了团队创新能力、团队创新行为和创新绩效的关系；安考纳和卡尔德维尔（Ancona & Caldwell，1992）从结果角度将团队创新绩效分为团队创新数量和团队创新质量两个衡量维度。而罗伯特和瓦利（Robert & Wally，2003）将团队创新绩效分为创新活动绩效和满意度绩效。三维视角下的团队创新绩效中，刘慧琴（2006）在对国内本土化的研究中将团队创新绩效划分为三个维度来衡量，包括创新行为、创新能力和创新结果，并认为团队创新行为和团队创新能力是最为关键的维度，并在此基础上生成了本土的团队绩效测量表。阿格尔和奇瓦（Algre & Chiva，2008）主张创新绩效由产品创新绩效、流程创新绩效和创新效率三个因素构成。詹森和伊佩伦（Janssen & Yperen，2004）从创新过程视角将团队创新绩效看成一个动态的创新过程，认为团队创新的全过程包括新观点的产生、创新支持和实施三个评价维度。此外，莱弗雷斯（Lovelace，2001）从团队新产品、新想法的数量、引进团队的技术和对变革的适应性四个维度构建了创新绩效的量表，该量表采用了团队创新的主观结果评测。表 3-1 总结了已有的国内外团队创新绩效的测量表。

表 3-1　　　　　　　　　团队创新绩效

维度	具体维度	开发者
单维	新产品、新技术、新服务、市场反应	Bell（2005）

续表

维度	具体维度	开发者
二维	团队创新行为、团队创新能力	Grayr（2001）
三维	产品创新水平、遵守预算和进度安排、市场表现	Sarin（1996）
	创新行为、创新能力、创新结果	刘慧琴等（2006） Anderson & West（1998）
四维	团队产品创新性、引入创意的数量、总体技术绩效水平、对变革的适应性	Lovelace（2001）
五维	团队效率、创新成果质量、工作期限、资金使用效果、处理冲突能力	Ancona & Caldwell（1992） Jin & Sun（2010）

资料来源：根据相关文献整理。

团队创新绩效的测量维度从单维到五维不等，其中既包含主观评测维度，也包含客观评测维度。但由于团队创新绩效的不易观察和滞后性等特点，采用客观财务指标来衡量团队创新绩效非常困难，更倾向于采用主观指标进行测量。同时，团队创新绩效更加反映从产品、观点和技术的综合性指标，因此，在后续实证研究中本书采用了莱弗雷斯等开发的四维度量表，从创新结果、创新观点的数量、技术绩效水平和对变革的适应性四个维度进行测量。

二、团队创新绩效的影响因素

团队创新绩效多作为团队层面研究的因变量，探讨前因变量对其影响效果。通过梳理现有研究成果，影响团队创新绩效的因素主要集中在个体和团队两个层面。

（一）个体层面的影响因素

个体作为团队创新的基础单元，其主动性、经验的开放性、能力、信念等个体心理特征和行为倾向对团队绩效会产生影响（王蕊、叶龙，2014）。郑小勇等（2009）分别从团队成员的个体要素、团队结构因素以及团队环境因素三个方面探讨了对团队创新绩效的影响。他们将创新绩效分为创新有效性和创新效率两个维度。研究结果表明，团队个人的知识、素质和尽责性对团队创新绩效有显著影响，团队结构因素和团队环境因素经由团队互动促进团队创新的有效性，团队个人因素和团队结构因素通过团队互动正向促进团队效率。李晋等（2018）的研究揭示了创业者的自恋人格与团队创新绩效之间的倒"U"型关系，创业愿景中介了创业者自恋与团队创新绩效之间的倒"U"型关系。宝贡敏等（2009）研究表明，团队成员的个体角色外行为通过群体互动和群体规范的作用对团队创新绩效产生间接影响。

（二）团队层面的影响因素

团队是连接个体与组织的重要桥梁，个体层面的要素只有聚合到团队层面才能最终对组织的绩效产生贡献。在团队层面，研究者考虑了团队领导、团队成员构成、团队互动以及团队学习等团队构成要素对团队创新绩效的影响作用。团队领导风格与团队创新绩效关系的研究比较多，但研究结果比较杂乱，由于本书的关注点也在领导到风格对团队创新绩效的影响，将单独作为一节进行梳理和讨论。

团队构成与团队创新绩效的关系研究中，学者们分别从多元异质性视角进行了研究。丁奕文（2020）研究发现，科技型创业团队中，团队成员的性别、年龄和职能的异质性对团队创新绩效均有显著正向影响。另有研究发现，团队知识、技能的异质性对团队创新绩效的积极促进作用（梁凯丽等，2019；任迎伟等，2019）。然而，一些研究认为，团队的异质性和多样化不总是会对团队创新绩效产生正向影响，也会产生负向作用。如韦斯特（West，2003）曾经从多样化的视角指出，团队创新绩效会受到团队多样性类型、大小的影响，多样性过大会降低团队安全感进而影响团队创新绩效。

团队互动等行为特征与团队创新绩效的关系也获得一定的进展。曹雁等（2010）深入探讨了团队协作、成员知识分享行为与研发团队创新绩效之间的关系，认为团队成员之间的互助互帮等良好协作关系直接影响团队创新绩效。沈超红等（2021）从沟通视角发现非正式互动通过影响信息共享程度对团队创新绩效有显著影响。

近年来，一些研究发现团队知识管理中团队知识获取（刘锦英，2007；吕兴群，2016；赵蓓，2017）、团队知识分享（Hu et al.，2009；Hussain，2016；朱少英，2008；柴富成，2015）对团队创新绩效有正向影响。另外，冯雅琪（2018）从团队异质性、知识共享两个方面探讨了对团队创新绩效的影响作用，并提出了关系模型和研究设想。詹景（2019）探讨了学习空间、团队学习与团队创新绩效的关系。研究表明，团队学习空间的紧密度和知识面对团队创新绩效和团队学习均有正向影响，团队学习对团队创新绩效有正向影响，团队学习完全中介了学习空间和团队创新绩效之间的关系。

三、领导风格与团队创新绩效研究梳理

在众多创新绩效的外部影响因素中，团队领导行为常常被看成重要的情境变量（Marks et al.，2001）。然而，由于领导风格的多样性，导致对二者关系的研究也呈现纷繁杂乱的现状，以变革型领导与创新绩效的关系研究较为多见，但研究结论也存在诸多争议。变革型领导被看作知识的创造者和愿景的激发者，通过激励团队成员的主动性和内在动机，鼓励下属挑战自我，增强组织学习能力（张燕，2013）。绝大多数研究认为变革型领导与下属创造性显著正相关（Shin，2003；Jung，2003）。例如，研究发现变革型领导通过组织学习、团队氛围、领导成员交换关系、团队创新能力等中介变量也间接促进了团队创新（Yuan & Woodman，2010；Han & Kim，1998）。不过，也有研究指出交易型领导对创新绩效的影响效果比变革型领导更显著（李晓青、林志扬，2013），认

为原因在于交易型领导行为本质上与强调程序公平的领导（LMX）是一致的，而程序公平有助于激发员工的归属感和信任，进而提升团队成员的创新意愿，中和了交易型领导的负面作用，促进了团队成员的创新绩效（刘晓禹等，2013）。也有研究表明变革型领导对组织创新没有直接影响（Calisir，2016），只有在较高的心理授权和较低的组织自尊（Rank et al.，2009）的情况下对员工创新有显著正向影响。另外，我国学者刘晓禹等（2011）实证研究发现，变革型领导和交易型领导对团队创新绩效的直接影响均不显著，并提出领导方式与团队创新绩效的关系研究中要考虑情境条件。

鉴于之前研究结论的交错混乱，近年来的一些研究认为，综合平衡两种领导风格（变革型领导和交易型领导）对创新绩效的促进作用更具有优势（韩杨等，2016；闫佳琪等，2018；朱良平，2019），这些研究多从双元领导、双向作用机制、双元文化和员工的双向调节构建理论模型，认为应对复杂多变的创新环境领导者既需要变革型领导的充分授权以激发下属的创新意愿，又需要交易型领导有意识、有规划地提升创新效率（韩杨等，2016；朱良平，2019）。

除了变革型、交易型两种具有代表性的领导风格与团队创新绩效的探讨，其他领导风格与团队创新绩效的关系也相继展开。其影响路径主要是通过三个方面。其一，领导者榜样的直接作用。例如，知识领导通过知识获取的行为标杆作用有效引导成员学习、获取相关知识进而推动组织创新（Vitital & Riitta，2004）。其二，领导者的个人魅力。魅力型领导由于自身的魅力增加了团队成员彼此之间的信任进而激发团队成员努力工作的热情，促进团队创新绩效（候二秀等，2013）。其三，通过营造创新氛围促进创新绩效。魏璐（2012）研究发现参与式领导对创新绩效有正向促进作用，组织信任氛围中介了二者的关系。罗瑾琏等（2016）的研究表明，交易型领导通过一致性文化部分中介作用影响团队创新绩效。柴富成等（2015）构建了共享领导与团队创新绩效的理论模型，认为共享型领导是一种动态的交互的群体影响过程，共享型领导有助于推动团队内部成员的知识显性化，促进团队知识共享进而对团队创新绩效产生显著正向影响。此外，参与式领导通过支持了决策自主性的创新文化促进了创新，而真实型领导主要通过为下属营造了创新过程中积极的情绪氛围促进创新（De Jong & Den Hartog，2007）。

第五节　本章小结

本章以团队知识行为、团队学习行为以及团队创新绩效为关键词进行文献搜索，并对相关文献进行归类、提炼和总结。

首先，通过相关文献梳理不难发现，在知识管理理论中，对于如何传播、利用知识已经催生了大量的研究成果。比如，有关团队知识获取和团队知识共享两种知识利用的有效途径的研究比较丰富，通常认为团队知识获取有助于扩展团队知识深度和宽度，而团队知识分享则可以提升知识利用效率，两种知识行为有助于团队知识更新进而促进团队创新已获得该领域的广泛认同。但从知识属性上看，知识共享、知识获取仅是对团队内部隐性知识的传递和表达，缺乏对由隐性知识向显性知识转化的过程的探索。因此，从现有研究结论中我们还不能得到一个完整的知识创新过程的理论，简单将知识利用等同于知识创造，暴露了目前相关研究的一大缺憾。

员工的知识行为、学习行为尽管得到越来越多的关注，但多集中在个体层面。具体来看，知识获取的研究倾向解释员工个体在面对不确定的环境时获取和利用现成的知识和技术，凸显了为我所用的吸收过程；知识共享的研究集中探讨了个体的心理安全感、认同感、互动关系、信任、成员交换程度（TMX）等为基础的前因变量，但缺乏对个体交互过程的关注；组织学习分别以阐述个体学习和组织学习为基础脉络的研究成果比较丰富，团队学习没有得到足够的重视。由此可见，大多数知识行为和学习行为的研究还是以个体知识、个体学习为基础，缺少互动的视角，也因此使得知识和学习两个领域相互割裂，无法形成整体的动态的解释机制，对于知识潜力形成、知识转化和创新缺乏足够的解释力。

领导风格和知识分享、知识获取等知识行为关系的研究正在逐步增多和深入。绝大多数研究表明，主流领导风格对团队知识共享有直接或间接的正向促进作用，一些研究也进一步深入到了对个体层面的内在动机和团队层面的信任等中间影响机制的探讨中。研究也集中探讨了变革型领导和知识获取关系，但在研究结论中对外部知识获取中员工自主权的问题存在一定的分歧，这可能与对二者关系的边界条件考虑不足有关。领导风格与团队学习的实证研究表明，无论是"自上而下"的威权型领导风格还是"自下而上"如变革、授权型领导都显著影响团队学习，但都缺少边界条件和对创新绩效的进一步探讨。

其次，从研究视角上看，现有研究缺乏对于知识经济背景下团队知识创造过程的整体视角。本章回顾并梳理了现有知识管理研究中的常用研究视角，发现社会网络视角通过外部网络和内部网络的理论分类解释外部知识获取和内部知识共享的作用过程；社会交换视角和激励理论视角为理解知识分享提供了有益的支撑；组织文化视角多用于解释内部知识共享和团队学习行为。尽管这些研究视角在解释某两个单独变量的关系有一定说服力，但都将组织知识创造看成局部静态的过程，对于知识经济背景知识的不确定性、分散性等特征考虑不足，同时也忽视了团队知识创造的复杂性，因此对团队知识潜力的释放和新知识的生成转化缺乏足够的支撑。

最后，学者们对团队创新绩效概念的界定不尽相同，但从总体上来看，认为团队创新绩效不仅仅包含着观点的创新、行为的创新，还强调结果层面的多维性。这和其他类似概念如创造力、创新行为以及创新有着很大的区别。依据团队创新绩效的概念，测量维度也有多重划分形式，测量维度从单维到五维不等，其中既包含主观评测维度，也包含客观评测维度。

团队创新绩效的影响因素的研究主要集中在个体和团队两个层面。

个体主要分析了人格特质和心理特征方面对团队创新的影响作用；团队层面主要涉及团队领导、团队构成、团队行为特征对团队创新的作用效果，而对于团队规模如何影响团队创新绩效的研究结论至今未能达成一致。有关领导风格和创新绩效关系的研究结论错综复杂，存在很多不一致。从文献来看，领导者和团队动力、团队创新的问题并不是一个新问题。研究大致可分为两种研究阵营：一类研究强调领导者为主体的创新，如威权式领导、交易型领导等，通过提供专家权力和程序公平促进团队创新绩效；另一类研究认为，随着信息透明化和智能技术的发展壮大，领导者不再是独占鳌头的专家，作为专家的优势给组织带来的回报也会日趋减少，取而代之的是"自下而上"的管理模式。从二者关系的影响路径可归纳为三类：其一，领导专家榜样作用；其二，领导者的个人魅力；其三，创新氛围。但三种机制着眼于对团队创新中所产生的创意或观点的数量的影响作用，忽略了对最终绩效结果转化的探索。

第四章 谦卑型领导与团队创新绩效的模型构建与假设

第一节 基于质性研究的理论模型构建

由于通过已有文献的梳理没有形成关于谦卑型领导和团队创新绩效之间关系的明确的解释路径和理论假设，本章将参考质性研究中扎根理论的研究思路，从原始资料中通过对团队成员开展一对一的深度访谈，试图归纳出谦卑型领导与团队成员在团队创新中的行动轨迹，提炼核心要素揭示创新的演化过程，构建互动视角下谦卑型领导和团队创新绩效关系及作用机制的理论模型。

质性研究是以研究者本人作为研究工具，在自然情境下，采用多种资料的收集方法，对研究现象进行深入的整体性探究，从原始资料中形成结论和理论，从参与者的视角进入研究世界，发展相关经验和知识。相比较量化研究，质性研究更适合对微观问题作深入、细致、动态的研究，得到更多丰富的研究结论。

扎根理论（grounded theory，GT）是质性研究的一种重要方法，起源于格拉斯和斯特劳斯（1965，1968）于19世纪60年代在一所医院里对医务人员处理即将去世的病人的一项实地观察。它是一种定性研究的方式，其主要宗旨是从经验资料的基础上建立理论（Strauss，1987），即在系统性收集资料的基础上寻找反映事物现象本质的核心概念，然后通过这些概念之间的联系建构相关的社会理论。扎根理论一定要有经验证据的支持，但是它的主要特点不在其经验性，而在于它从经验事实中抽象出了新的概念和思想。但是，需要强调的是，在扎根理论的发展过程中出现了一些不同的流派，主要包括格拉斯和斯特劳斯的原始版本、斯特劳斯和考宾（Strauss & Corbin）的程序化版本、查尔马兹（Charmaz）的建构主义版本，不同版本的理论视角、数据搜集和分析方法都不尽相同。但是，相同的地方是扎根理论强调对事件的不断比较，从新的数据中发现新观点新概念，并帮助研究者更细致地描述这些新发现。同时，作为一种研究方法，数据的获取过程比数据本身更重要，因此数据分析（编码）技术应该被灵活应用，而不应该被固化。

一、质性研究设计

本章拟采用扎根理论方法探索谦卑型领导与团队成员在团队创新中的行动路径，主要有四个步骤：产生问题、搜集数据、处理并分析数据、建构理论。质性研究的优点之一就是它有很多种资料来源，并且所获得的多源数据能够提高研究的效度，因此根据研究内容，本章采用一手数据和二手数据进行扎根理论编码分析，收集的数据包括访谈记录和管理者采访语录。通过分析以上的数据，挖掘谦卑型领导促进团队创新绩效提升的现实做法，探索谦卑型领导影响团队创新绩效的路径，为二者关系的研究提供解释性的理解。

其中，具体过程是采用理论抽样和滚雪球抽样相结合的方法，在数据收集初期，先通过问卷从制造业的业务团队中筛选出适合的访谈样本。样本需要满足两个标准：一是该团队领导有谦卑型领导的行为表现；二是该团队具有较高的团队创新绩效。然后，确定14名员工作为本次访谈的对象，访谈的预约和开展过程为：在访谈前一个星期与这些企业的负责人取得联系，协调好具体的访谈时间和地点，由两名访谈人员各在一间独立会议室分别进行访谈。被采访的14名员工自愿接受访谈并且对其

团队领导的领导风格、谦卑型领导及对团队创新绩效的影响提供自己的
认识和看法。本次被采访的 14 名成员的分布特征见表 4-1。在正式访
谈开始之前，首先向被访者说明此次研究的目的和计划，并告诉被访者
为何被选为访谈对象，希望从被访者处了解到哪些情况，并说明他们的
回答对本研究的重大意义以及访谈结果的处理方式。访谈持续时间为每
人 40~50 分钟，在征得被访谈者同意之后，用录音笔对整个访谈过程进
行全程录音。访谈结束之后，立即将访谈录音整理成文字资料。访谈前，
事先准备了相应的访谈提纲，内容包括：（1）被访人的基本情况（婚姻
状况、学历、年龄、收入等）。（2）你觉得谦卑型领导有哪些突出特征
和行为表现？（3）回顾一次让你印象深刻的创新经历，你能具体谈谈领
导者和团队成员是如何行动的吗？（4）你认为创新过程会受到哪些阻
碍？为什么？（见附录 A）

表 4-1　　　　　　　　　　　访谈人员的分布特征

项目	选项	人数	所占百分比（%）
性别	男	9	64.3
	女	5	35.7
婚姻状况	已婚	12	85.7
	未婚	2	14.3
年龄	30 岁及以下	1	7.2
	31~35 岁	3	21.4
	36~40 岁	6	42.8
	41~45 岁	3	21.4
	46~50 岁	1	7.2
学历	高中、中专及以下	1	7.2
	大专	2	14.3
	本科	7	50
	硕士及以上	4	28.5

上述访谈问题和提纲只是起到提醒和引导的作用，在具体的访谈过程中仍坚持灵活和开放的态度，提问方式和顺序因人因境而异，一般顺着被访谈者的思路进行提问，对于被访者没有涉及的重要问题，或是在访谈过程中发现的重要的词语、概念先记录下来，在适当的时候再集中追问。

为了能够高效构建理论模型，同时进行资料搜集和数据分析，在分析结果的基础上再确定下一阶段资料搜集的方向和内容。为了保证搜集资料的客观性，保留表述相似但是来源不同的信息，同时为保证内容的精简性，剔除同一来源中表述相近的内容，并根据理论需要借助前面访谈者的人脉资源补充样本。最终确定的研究资料为 14 名员工的访谈记录，企业管理者访谈语录 4 篇，文字资料共计 73 552 字。

二、质性研究结果分析

本书综合扎根理论的经典版本和程序化版本内关于资料分析的方法，将数据编码分为实质性编码和理论性编码，其中实质性编码又分为开放性编码、主轴性编码和选择性编码。通过实质性编码提取研究资料中的核心范畴，随后通过理论性编码，将概念联系起来并充实细节。

（一）开放性编码

开放性编码是将收集的资料"打碎"的过程，先将收集的资料打散，然后通过定义现象来分类，对现象进行不断的比较，以归纳出能够描述现象的概念，再将归纳出的概念进一步范畴化。主要采用以下步骤对访谈资料进行开放式编码。

第一步，贴标签。首先将访谈的录音转录为文本数据，与收集到的其他二手数据进行整合归纳，然后对这些文本数据进行"贴标签"，即定义现象，并用"（n）"指代每个分析单元。

第二步，概念化。首先对初始的陈述句进行筛选，剔除与谦卑型领导对团队创新绩效影响无关及语义表达不清的陈述句，并对剩余的陈述句进行概念化，通过反复认真的讨论，合并一些重复的概念，最后从初始陈述句中抽取出36个概念，并用"an"指代对初始陈述句"（n）"的概念化。

第三步，挖掘范畴。经过概念化，从原始资料中抽取出了36个概念。在此基础上，通过不断地求同性和求异性比较凝练出的概念进一步范畴化，并用"An"指代对概念的范畴化，得到13个范畴（A1~A13）。表4-2节选了部分编码的内容。

表4-2　　　　　　　　　　开放性编码（节选）

资料类型	贴标签	概念化	范畴化
访谈记录1	我认为谦卑的领导是很有能力的，但不张扬（1），并且能给下属一个良好的榜样（2），人都是"好为人师"的，但是谦卑型领导愿意倾听我们的观点，向我们寻求意见（3），这让我们放下心理防御和恐惧，愿意分享（4）。同时，我觉得谦卑型领导是有助于团队创新的，就拿我所在的团队来说，团队成员之间的开放程度比较高，经常召开组内研讨会，在会议上团队成员畅所欲言（5），每个人愿意分享最近学到的技术知识点（6），交流过程中经常会有一些别人意识到但自己没有意识的想法浮现，在此基础上相互补充（7）。我觉得通过这个过程激励大家每周都去对一个知识点进行深入的研究和整理（8），在研讨会上再分享给大家（9），相当于整个团队都学习到了新知识（10）。 但是，由于知识和技术范围的差异，我们也经常会向其他团队和有关机构寻求帮助（11），然后再结合自己的项目，从外部的评价反馈对自己进行反思和改进，不能只限于我们自己内部的一点东西（12），外边很多的需求是你想不到的，你必须去了解。 实际上很多时候创新和改善并不是我们事先预知的或是计划好的，我们在一起相互启发交流，时间长了，这种频繁的讨论交流与反馈成了习惯（13），团队整体知识技术水平都提升了（14），办法多了，创新也就有了	a1 低调（1）（28） a2 以身示范（2） a3 寻求反馈（3）（30） a4 沟通开放性（5）（18）（24）（32） a5 共享意愿（4）（6） a6 知识互补（7） a7 知识内化（8） a8 知识反馈（9）（13）（21） a9 外部知识获取（11）（24） a10 改善自身缺点（12） a11 知识技术水平提升（10）（14）	A1 清晰的自我意识 a1/a3 A2 欣赏下属 a3/a15/a16 A3 在可教性上率先垂范 a2/a18

续表

资料类型	贴标签	概念化	范畴化
z访谈记录2	首先，谦卑型领导不是高高在上的，有很强的责任心。他会和我们一起了解过去的业绩，详细询问我们的意见，从哪里获得更好的技术支持等（15）。我们有什么观点和计划他总是愿意倾听，和我们共同来确认问题，而不是例行公事般的敷衍了事（16）。谦卑型领导能够和团队里的成员打成一片，会照顾到团队里每个成员的情绪（17），当工作上遇到比较棘手的问题，需要及时反应时，我们也可以随时随地进行交流（18），他会经常鼓励我们提出自己的想法（19），这样增强了我们的信心。我们的想法都会得到重视，他会和我们一起讨论具体的流程和方法、步骤，询问可能的问题，一般来说，讨论后我们会进一步修改，这样思路也更明确了（20）。总之，你就觉得不是一个人在面对，能得到许多积极的回应（21）。所以大家都有比较好的参与热情，而且每个人都感觉有很强的责任感为团队作出贡献（22）。 团队创新绩效很依赖团队的环境，就像我刚才说的，我觉得我们每次创新都离不开彼此的相互支持和帮助（23），因为现在面临的问题越来越复杂，很多事情的解决并不是一帆风顺的，经历很多次的试验和错误，这个过程领导者的参与探讨、同事之间的互帮互助，包括和外部更大范围的交流和学习这些都是不可或缺的（24）。在相互协作中，我们才能够得到很多新点子和新方法（25）。 不过，我觉得这些影响也不是固定的，毕竟每个公司都不一样，每个团队也都不一样，团队成员的想法也不都一致，大到每个部门、团队，小到每个人，都要清晰企业的发展方向以及如何做来实现企业战略目标（26），而不是仅仅强调个人或者自己团队的信念。这样的公司我觉得像你刚才说的谦卑型领导才能起到作用，不然我觉得团队还是会成为一片散沙	a12 技术、方法变革（15） a13 协作支持（23）（27） a14 水平决策（16）（31） a15 注重关系（17）（29） a16 欣赏下属（19） a17 目标细化（20） a18 集体责任感（22）（34） a19 新观点、新方法（25）（33） a20 清晰组织发展方向（26）（35） a21 深入沟通组织愿景（36）	A4 寻求外部观点 a9/a23 A5 寻求外部反馈 a8/a25 A6 成员间共享意愿 a4/a5 A7 成员间知识传播 a6/a7 A8 改善工作流程 a10/a12 A9 建设性讨论 a13/a14/a17
管理者采访语录	近年来随着创业热的升温，如何带领好团队，如何管理企业，李开复在"我不同意你，但是我支持你"（27）"创新不重要，有用的创新才重要"等启示中给出了建议：在工作中千万不要把自己定位成管理者（28）。我曾经体验过，当我独自作出一个决定，按照这个方法走下去，很难执行，效果也不好		

资料类型	贴标签	概念化	范畴化
管理者采访语录	在 Google 的 5 年中，我学到最成功的东西是：用你想被管的方法管人。如果想带好你的团队，应该让大家感到被看见，被认真对待（29）。我希望他们遇到重大问题时能告诉我，讨论他们解决问题的想法。我花了很多时间向他们了解具体工作以及对我的建议（30），他们在有不同意见的时候能和我讨论，只有充分讨论不同的想法，考虑他们的风险和收益（31），才能获得最佳解决方案。 当他们有改变的想法时，我会通过临时会议或是通过一些活动让他们表达出来并鼓励他们说出原因。我希望他们工作上不是畏首畏尾，怕犯错误，而是能够无所畏惧的沟通，直面问题（32）。我们会一起思考更多改进的领域和方法（33），团队就像一个完整的机器人，任何一个功能出问题，机器人都无法正常运转，因此我们不会具体到个人问责，每个人除了本职工作都要对产生的问题保持关注（34）。 我觉得创新过程中，大家拧成一股绳才能有助于问题的解决，要防止团队增长中心理的分化（35），为了避免团队之间的冲突带来的创新混乱，要和团队成员深入、持续沟通组织的愿景（36），目标清晰了，创新绩效才有保障……		A10 技术含量高的工作 a11 A11 新颖的工作 a19 A12 清楚组织长期规划 a20 A13 组织愿景沟通 a17/a21

在收集更多数据并分析对比后发现，这些概念开始聚焦，产生了清晰自我意识、欣赏下属、在可教性上率先垂范等 13 个更为抽象的问题，通过对这 13 个问题的深入分析，并结合已有文献，对问题的释义和对应的变量进行了总结和梳理，逐步聚焦得出表 4 - 3。

表 4 - 3 　　　　　　　　　　范畴对应变量结果

主范畴	范畴
谦卑型领导	清晰的自我意识
	欣赏下属
	在可教性上率先垂范

续表

主范畴	范畴
知识获取	寻求外部观点
	寻求外部反馈
知识分享	成员间共享意愿
	成员间知识传播
团队学习行为	改善工作流程
	建设性讨论
团队创新绩效	新颖的工作
	技术含量高的工作
组织目标清晰度	清楚组织长期规划
	组织愿景沟通

（二）主轴性编码

主轴编码又称轴心编码，是寻找范畴之间以及范畴和概念之间的相互关系，然后发展出一个主轴范畴，并对主轴范畴进行深度分析，以挖掘原始资料中各部分之间的有机联系。

从前述访谈资料可以看出，谦卑型领导方式并非简单地被看作"自上而下"领导方式的对立面，而是通过寻求反馈、对观点持有开放性等行为为下属的充分沟通提供了一种可能性，进而实现团队上下、团队内外的一种沟通的闭环。具体而言，一方面，有助于从结构上修正团队内部专业分工主导下的信息交互方式；另一方面，促进了团队摆脱以防御性、竞争性为主的行动关系转而进入相互坦诚、彼此关切的行动关系。当团队成员有了彼此互相依赖的意识，并将团队内外的协作和相互配合付诸行动就会产生比较普遍的知识分享、知识获取等行为时，便逐渐形成以多方互动、充分对话为主导的对知识的增补、细化和改良的学习过程。在这一过程中，每一个团队个体以及不同领域的人都是一种学习资源，知识并非简单固着于某一个体身上，而是从属于不同的行动关系中，每一种关系的嵌入都意味着一种差异化知识的可能性，都将有利于团队知识不断繁衍和学习知识的潜力的提升。

从以上创新的影响过程可以看到，多数受访者感触最深的是创新过程中谦卑型领导展现出的持续性的、频繁的沟通和深度讨论，并非单纯自主导向的影响机制，其中凸显了相互依存的意识和大量的互动协作的行为，增进了他们对更大范围的关系的参与和联结。也就是说，互动在谦卑型领导和团队创新绩效之间形成了重要的作用机制。根据考宾和斯特劳斯（Corbin & Strauss，1990）提出的编码范式模式，将开放性编码中被打散的资料数据按照因果关系—现象—情境—中介条件—行动/互动/情感策略—结果等线索进行重新组合，本节形成谦卑型领导行为和团队创新绩效主范畴之间的有机逻辑关系（见图 4-1）。

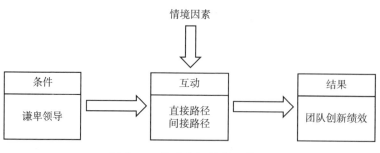

图 4-1　范畴之间的关系模型

（三）选择性编码

选择性编码又称核心编码，是在已发现的概念范畴中经过系统分析，最终得到一个能够统领所有概念或范畴的"核心范畴"，从而将分析集中到那些与核心范畴有关的现象、概念和范畴串联起来。为了探索上述变量之间的关系，在第一次访谈后的两周安排了第二次访谈，采用结构放置技巧将第一次访谈的初步分析结果写在卡片上，选择部分受访者回顾这些概念与之前的命题是否符合，在受访者确认后根据这些范畴让受访者通过箭头进行联结形成符合的图示。

按照选择性编码的分析要求，邀请了两名具有多年组织行为学研究经验的教授（均长期从事教师领域的相关研究，有较为丰富的理论基础和实践经验）参与本阶段的研究。通过对主轴性编码得到的六个主范畴进行反复的对比、梳理和归纳，发现可以用"谦卑型领导通过影响团队表层知识互动并进一步影响团队知识潜力发展的深层互动的链式影响路径"这一核心结构来统摄谦卑型领导对团队创新绩效的影响机理。具体分析如下：

其一，从关系视角看，谦卑型领导的维度构成与西方学者的研究结果并无太大差异。首先，从自我意识层面看，他们能够认识到自己的不足，接受自己的弱点，他们知道一个目标要想实施下去，需要建立充分依赖的关系，透过他们的自我意识，员工揭示出他们行事低调并能主动寻求反馈的行为特征。其次，他们注重对下属成员互助合作关系的建立，鼓励下属提出自己的观点而非强调自身想法和专长上的优势，不将自己置于高高在上的专家地位。他们恰到好处地进行干预，并把握干预的尺度，让团队动力成为其核心的责任，这与西方彰显下属能力、欣赏下属的才能也比较一致。另外，他们愿意倾听、谦卑地咨询和寻求意见对团队成员有很好的示范作用，当团队提出关于某些改变的想法时，可以主动地询问讨论，而不是被动等待上级的指示或是选择消极地回避冲突。西方谦卑结构中的清晰的自我意识、彰显下属的才能和在可教性上率先垂范三个维度同本章对谦卑这一概念结构维度扎根研究的结果具有一致性。同时，本研究中谦卑型领导三个结构维度都是基于谦卑型领导与团队成员互动关系的强调。

其二，谦卑型领导既直接影响团队创新绩效也通过多条影响路径间接影响团队创新绩效。而间接路径中涉及的变量有知识获取、知识分享与团队学习行为。从访谈数据来看，一方面，谦卑型领导通过与团队成员互动强化了开放性的团队关系；另一方面，谦卑型领导既为团队成员的知识分享创造了条件也为团队成员知识获取提供了更多的机会。根据以往知识管理的划分，知识分享和知识获取都属于知识传播的路径，二者的区别在于知识源的不同，知识获取是团队先前不具备相关知识的条件下向外部获取直接或间接的知识资源，而知识分享主要是团队内部成员间的知识传播或转移行为（Chuang et al.，2016），因此，从分类看二者属于并行关系。而作为促进团队知识利用的重要路径，其发展程度受制于团队成员对于相互依赖关系的理解程度，从受访者的表现可以看出，领导者与他们的互动方式对于他们之间以及与团队外部的互动方式的建构具有重要的影响作用。

其三，多数访谈者在回顾创新过程中表示，谦卑型领导会推进他们进行多次、深度的讨论，团队成员在反复讨论、试错中寻找新的契机和共识。根据访谈资料发现，团队成员存在着两种相互联系又不同程度的知识交互过程，前者我们将其定义为表层的知识交互，是对已有知识的传递和扩散，此类行为的发生和员工交互的意愿关系紧密；而后者是在前者的基础上对未知知识的更深入的探索过程，作为前者的补充行动，代表了更高质量的分歧和竞争性观点的形成。谦卑型领导鼓励团队成员既要依赖沟通又要正视分歧，追求共识但不是简单的妥协，交互、探索的行动促进了团队对原有静态结构的超越，是对结构之外增量的争取。因此，按照受访者的描述，我们可以将知识互动这一过程分为两个不同的阶段：第一个阶段涉及已有知识的传递和扩散，停留在表层的知识互动上；第二阶段涉及深层的知识互动，对来自各方的知识和信息进行讨论和辩论，实验和试验的过程，深入挖掘在既有知识基础上的知识潜能，争取新知识应用的可能性的共识。

其四，不仅如此，多数受访者认为创新绩效的实现还会受到目标愿景的影响。组织目标取决于团队领导者能否和团队成员有充分的沟通和反馈，团队层面的反馈之所以可以促进团队效率其主要原因是它能使团队成员通过参与目标解释的过程更清晰地理解和有效核准他们应该追求的目标。组织目标越清晰，更有助于团队形成目标参照和行为反思，获取相应目标的知识，这对于团队领导在推进团队关系进程中作出代表更广泛组织环境需求部分的决策意义重大。

综上，基于对原始文本数据分析、提炼，结合对已有文献研究不足的比较，本书最终构建出了谦卑型领导与团队创新绩效关系模型，详见图4-2。逻辑线如下：谦卑型领导的直接关系路径和间接关系路径都会影响团队的创新绩效。该模型反映了谦卑型领导、团队知识分享、团队知识获取、团队学习行为和团队创新绩效以及组织目标清晰度各变量之间的关系。其核心思想是：（1）谦卑型领导直接正向促进团队创新绩效；（2）谦卑型领导通过促进团队知识行为（外部知识获取、内部知识分享）和团队学习行为间接促进团队创新绩效；（3）当组织目标越清晰，谦卑型领导通过团队知识行为（外部知识获取、内部知识分享）和团队学习行为对团队创新绩效的促进作用越强。

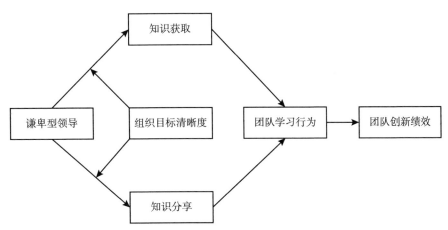

图4-2 谦卑型领导对团队创新绩效影响的理论模型

（四）理论饱和度检验

理论饱和是指后续收集的资料不再产生新的概念和范畴。本章在前期访谈的基础上重新选择了四名员工对其进行了访谈，将访谈记录按照上述流程进行了编码分析，没有发现新的概念、范畴与逻辑关系，由此认定前期的研究已经达到了理论饱和度的要求。

第二节　理论基础与研究视角

　　鉴于前面对已有文献的梳理和谦卑型领导对团队创新绩效影响作用的质性剖析，本章系统回顾了相关理论，最终锁定在社会互动和意义建构理论作为后续假设推演的理论基础。社会互动理论主要有助于理解谦卑型领导对团队创新绩效的主效应影响，意义建构理论对于解释谦卑型领导是如何影响团队创新绩效的过程和机制提供了更具说服力的理论支撑。

一、社会互动理论

　　德国社会学家齐美尔（Simmel）早在 1908 年所著的《社会学》一书中，将"社会互动"作为其探究的主要关键词之一，他将人类视为社会结构中的部分而不是全部。在提出"链合"的概念时，他强调了一个贫困的群体要得到发展，就要在其最初的群体之外发展社会关系，将群体最初的空间、经济和思想界限向外延伸，而不应局限于群体自身的发展。德国社会学家马克思·韦伯也是较早就强调"互动"意义的社会学家之一。韦伯诠释了人与社会之间的互动性，他认为人是社会行动的主体，社会是人存在的"场"，人不是单纯对外界事物作出反应，而是根据其赋予事物的意义来行动。此外，维果茨基的社会互动理论和费厄斯坦的"中介作用"理论是社会互动理论比较重要的理论来源。维果茨基的理论中，讲到人的心理机能不是内部自发的，而是产生于与他人的互动交往过程中，最初是由外部形成，通过参与社会活动来吸取适当的文化实践经验，而后才转移到内部心理。他强调社会互动是智力产生与发展的来源。费厄斯坦在其"中介作用"理论中指出，对个人有重要意义的人在认知发展过程中起中介作用，有效学习的关键在于本人和"中介人"之间的互动。两个理论都强调了互动在知识发展中的重要作用。

互动理论根据互动方法的侧重点不同产生了许多理论学派，如符号互动理论、常人方法论、社会交换理论和互动仪式链理论等。其中，以米德（G. H. Mead）在《意识、自我与社会》一书中提出的符号互动论最广为人知。该理论认为，人不仅生活在自然环境、物理环境，也是通过象征互动影响、互相制约的。人们之间的反应并不是相互行为之间的直接产物，而是根据其附加于对方身上的意义作出的。因此，人的社会行为都是以符号为介质的相互作用的行为，人际互动是通过人类共同理解的象征符号来进行的。布鲁默（H. Blumer）深化了米德的思想，系统论证了符号互动论，他总结了三个基本思想：（1）人们根据对事物赋予的意义采取行动，同一事物对不同的人意义不同；（2）赋予的意义来源于社会互动，一个人对事物的定义总能从他人的定义中找到根源；（3）人在决定怎样行动前，首先赋予情境以某种意义，经历一个自我解释过程并随时加以修正。总体而言，我们可将社会互动理论的核心思想概括为：人的自我意识来源于社会互动，在社会互动中学习和使用符号，通过对角色关系的理解和阐释，社会互动促进了知识的发展和社会结构的改变。

社会互动可以分为人际互动和群体互动，社会相互依赖理论（social interdependence theory）是群体互动研究中极具代表性的理论之一。该理论由美国社会心理学家莫顿·多伊奇（Morton Deutsch，1949a）提出，其理论来源可以追溯到物理学中"场"理论。他在 1949 年发表的《合作与竞争理论》与《合作与竞争对群体过程影响的实验研究》中强调了对参与者之间的关系、心理过程和互动方式的考察，认为群体是一个动态的整体，成员之间的相互依赖有所区别，成员对共同目标的认识和实现目标的共同动力是群体相互依赖的源泉。他清晰界定了群体积极依赖和消极依赖两种相互依赖的类型，认为积极依赖可以促进相互交流、资源交换、互相帮助和信任等积极的关系和互动，进而有助于个体目标实现、心理健康和幸福感提升以及达到较高的绩效水平。相反，消极依赖抑制良性互动，产生不信任、误导性交流、目标妨碍以及较低的业绩等消极影响（Deutsch，1949a）。

社会相互依赖理论在多学科、多领域都提供了其应用价值，为个体、群体和组织互动过程提供了全面的分析方法。基于社会依赖理论的研究结果主要包含三类。第一类，对个体和生产力、工作满意度、个人成就等变量关系的考察（Johnson，2003；Johnson & Johnson，2005）。这些研究发现，与竞争和个人努力相比，合作带来更大的效用。例如，积极依赖有助于促进个体以更加积极的态度对待任务和更多的工作投入，更愿意挑战困难的任务，获得更高水平的认知和批判性思考以及有效促进了个体间的学习迁移行为。第二类，对人际吸引、社会情感支持等群体成员人际关系层面的变量关系的考察。研究发现，基于积极的依赖关系，群体成员会付出更多的努力，更愿意承受更多的困难和挫折，更愿意听取他人的意见，更具有责任感和更强的主动学习的动力（Johnson et al.，2005）。第三类，对个体多样化态度和心理健康层面的变量关系的考察。研究发现，积极的依赖关系带来较高的心理成熟度，良好的社会关系适应性，较强的抗逆境能力和社会胜任，对人际信任、乐观、自信、自尊、独立、自主等个体态度也具有正向影响。此外，研究也指出两种相反的情境，当所有参与者都有平等的获胜机会，对于获胜有明确的规则和标准时，竞争比合作会带来更好的结果（Johnson & Johnson，1989）；或当任务性质单一、仅需要简单技能或是个体忠诚于自己目标的实现的时候，个人努力相比积极依赖更加富有成效。相反，对于任务复杂、不确定性高的工作群体合作更为有利。

综上所述，社会互动理论使我们从以往对组织中微观个体的单一视角的研究的关注转向了相互联结的群体、组织的整体视角。互动作为人的社会化过程，在主我和客我之间进行对话，发展反思意识和反思能力，指导着人们在社会行动中的相互调整。如上所述，知识经济背景下的创新活动更多依赖于组织成员与其他人的交往与互动，它既强调创新过程的认知参与，也强调创新过程的全人参与。同样，领导行为本身也是在互动中形成的，社会互动促进了领导者对自我的认知，并基于这种认知和他人共同行动。按照互动方式性质的不同，积极的依赖关系和消极的依赖关系会导致不同的绩效结果。通过扎根研究发现谦卑型领导的独特之处在于能够和下属建立积极的相互依存的关系，并进一步对团队成员与外部之间关系的建构产生影响，团队的意义的建构不仅在互动中产生且在互动中得到不断修正和发展。由此可见，互动贯穿了谦卑型领导对团队创新绩效促进的整个过程中。本章后续将基于社会互动的理论视角对自变量谦卑型领导行为和因变量团队创新绩效的关系进行推演。

二、意义建构理论

20世纪70年代，意义建构理论研究开始兴起，建构主义者认为知识绝非对现实世界的客观表征，而是人们在与情境的交互作用中所建构的一种对于世界的解释。而后研究者们依据不同的方向围绕该理论进行了大量的研究，提出了诸多的理论模型（Russell，1993；Dervin，1998）。意义建构理论最早可以追溯到皮亚杰（Jean Piage）和维果斯基（Lev Vygotsky）的早期心理学理论研究中。皮亚杰提出了发生结构主义，他认为知识并非先于主体存在，而是由主体主动建构而成，"同化"和"顺化"是人类接受知识的两大途径，"同化"表示把外界元素完整的整合到机体内部丰富和扩充原有认知，"顺化"则体现了外界元素和原有元素的冲突、解构、重构的适应过程。维果斯基在他的心理发展理论中提出学习和发展是于文化脉络中发生的，强调了社会情境参与对于认知发展的重要性。此后，在皮亚杰和维果斯基的研究脉络的基础上建构主义理论形成了两大发展取向：其一，是个体建构对自我的理解，也被称为"主体中心"建构主义理论。强调个体通过新、旧经验的相互作用实现对知识的建构。其二，知识的社会性建构，即行动者共同处于开放式的意义建构空间，合力搜寻建立知识纽带（翁秀琪，2011），形成共享意义的沟通互动过程。强调知识的社会性特征，体现着多人合作的意义生成。

维克（Weick，1993）认为意义建构是为应对复杂环境，组织成员对信息进行整理、归类而开发的一种意义框架，包含七个基本特征：身份构建、回顾性创建、环境感知、社会性过程、持续过程、线索提取、合乎情理（Weick，1995）。马特利斯（Maitlis，2005）将意义建构定义为根据情境线索或信号对事件进行构念和形成理解的过程，描述了从环境的流转中提取线索并回顾性建立意义的努力，并在后续研究中区分了意义给赋（sense-giving）和意义建构的概念。他指出，意义给赋是群体或组织成员之间对于组织事件理解的相互影响，尤指领导者对于组织成员现实意义生成的影响。早期，这两项机制主要用于探讨组织变革和创新情境中领导如何影响组织成员对组织战略目标实现的意义建构过程。后来维克等（Weick et al.，2005）将两项机制延伸到对一般组织情境意义建构过程的理论研究。

在众多理论流派中，达弗特和维克（Daft & Weick，1984，1979）从组织行为视角提出了意义建构的扫描、解释、反映行动和结果的一般过程。包括如下几个阶段：（1）扫描先于解释和行动环节，这是搜集可能影响组织信息的持续过程。从组织战略上看，扫描也涵盖了对组织内部系统的信息搜寻以支撑组织未来战略的重要元素。（2）解释被看成对新信息进行意义归因的过程，是将扫描所获得的信息纳入可理解的知识框架中。（3）行动是基于信息扫描和解释等前期工作对重要变化进行实践、实验，从解释到行动的过程，体现了对信息和知识的回顾性反思。（4）结果是成功的意义构建过程带来的绩效改善。组织领导者是通过参与意义发送（sensegiving）来影响团队意义建构的过程，领导者介入意义发送，将成员的注意力集中在改变现实看法必要性的注意力上，当面临模糊、不可预测的问题时，往往就是领导者进行意义发送的时机（Maitlis & Lawrence，2007）。

意义建构理论对知识观、教育观和学习观都形成了很大的影响。其中，建构主义知识观认为知识是情境化、个体化的产物（丁远坤，

2003），知识不是对现实的准确表征和固定法则，会依据不同情景，具体问题的差异进行加工和再造。即便是同一情境下，个体对待同一客体的建构结果也会存在差异。也就是说，认识的客体只有通过建构被赋予意义才能生成知识。这是由于意义建构的过程不是个体先于建构也不是组织引发建构，而是个体通过情境中的实践过程显现出来的（Weick et al.，2005）。建构主义学习观中将"情境""协作""会话""意义建构"看作学习环境中的四大要素。具体来看，意义建构的情境化的特性决定了建构的结果受到具体情境的影响，情境创设的好坏会对意义建构的效率产生影响，情境创设与意义建构的方向一致；早期意义建构理论并没有关注意义建构的协作性特征，随着研究的深入，建构主体通过共同搜寻、假设提出、学习成果评价的开放式合作完成学习任务成为意义建构的重要形式和手段，强调学习过程中意义建构的群体互依性；会话是学习小组和学习团队进行协作学习的重要环节，也是意义建构过程中个体智慧外化、形成群体共享的重要手段之一（李雅玲，2009），学习者根据当前学习内容、规律和联系自主构建意义的过程；"意义建构"是整个学习过程的终极目标，"意义"就是事物间的内在联系（李素敏，2015）。这一过程既表现在学习者依据自身经验和理解进行信息建构而非他人输入和干涉的主体性规定，又体现了学习者在与复杂环境的互动中摄取新知识主动迭代原有经验的重要性。

综上，意义建构理论是对以往简单的输入—处理—输出的信息处理模式和刺激—反应式的学习模式的修正，它反映了秩序形成过程中的动态过程，也意味着学习过程和结果的无法还原性。然而，该理论在发展过程中也出现了观点分化：一类是基于个体主动意向的自主学习论，另一类是与环境和他人互动中构建社会知识观，二者形成了内部观点上的倾轧。本书认为，学习者个体主动建构是不可忽视的，但仅强调个体建构极易将知识主观化和工具化，有可能夸大意义而远离现实的风险，最终陷入认识的偏差。而社会建构的交互性有助于弥补其中的不足。这是因为，尽管学习者以自己的方式建构对于事物的理解，但不同人看到的是事物的不同方面，不存在唯一的标准的理解，通过学习者之间的交互可以使理解在更加丰富和全面的同时，也为生成意识之外的新知识提供更大的可能性。

谦卑型领导本质上是一种关系促进的过程（Schein，2016），从扎根理论结果可知谦卑型领导十分注重与团队的互动，对于团队创新绩效的影响过程并非基于一种由单纯个体认知引发的具有高度稳定性的路径选择，而是围绕"开放性互动"这一核心机制营造了以团队内外知识传播为载体的互动学习场域。建构理论主张以关系取代个体作为团队意义产生的根源，对于谦卑型领导和团队成员这一行动共同体的行动逻辑和协同创新过程具有很好的解释力。因此，在下一节假设推演中，将基于社会互动理论和意义建构理论的核心观点和实践成果对模型中涉及的各条影响路径进行详细论证。

第三节　研究假设

一、谦卑型领导对团队创新绩效影响假设

知识经济独特之处在于将知识作为企业竞争优势的来源，知识创造的主体不再是少数几个人，其中嵌入了大量群体的智慧（Nahapiet & Ghoshal，1998）。为了获取大量的实际知识，领导者常常会赋予团队成员更多的自主权，但是鉴于团队成员自身的视野和能力的限制，即便是有了较高自主性的员工也可能面临着两种危险的行为取向。即过度的自信和信心不足，前者容易导致小团体意识和创新后劲不足，整个团队缺乏持续创新能力；后者中团队成员即便产生了好的想法和洞见也很难表达其重要性并将其转化成市场价值，要想实现团队的创新绩效，团队领导者的任务很大程度上就是有效抑制两种阻碍创新行为的发生。根据社

会互动理论，群体的本质是群体成员之间的相互依赖，群体中任何成员和子群体的变化都会对其他成员的状态产生影响（Lewin，1935），类似于心理场，群体是一个动态的共同行动的整体，成员的相互依赖不同对生产力会有直接影响。相对于消极依赖和无依赖关系，积极的依赖关系有利于更高的效率和业绩（Johnson，2003）。谦卑型领导将他人视为学习的资源，与主流领导力理论常常强调领导个体的卓越不同，通过向他人学习的动机和频繁的信息交流，营造了团队成员之间密集而广泛互动的氛围，有效抑制了团队成员自负的行为倾向，促进其合作意愿，其观点的开放性减少了彼此协作中的心理防御，强化了深入互动性，有助于提升团队的创新绩效。具体表现在：

首先，谦卑型领导能够意识到自身系统的缺陷，具有清晰的自我意识。尼尔森等（Nielsen et al.，2010）指出，"谦卑的人积极参与利用与他人互动中收集的信息，不仅限于意识还进行自我行为的修改。"谦卑型领导将合作伙伴作为"镜子"，通过他者的反射获得对自己真实的反馈，更清晰地意识自己的优点和缺点。他们自我观点的获取依赖于他们与他者的相互依存，而不是建立在彼此的孤立之上。而具有正确自我意识的个体能够避免在组织决策中的过度自信，相关研究也指出，过度自信对于那些拥有组织权力的人，特别是担任领导角色的人来说尤为危险。这是因为过度自信常常导致他们过于迷恋成功的经验、已知的原因和固有的偏好，夸大自己对成功的掌控能力（Vera & Rodriguez – Lopez，2004），容易陷入思维惯性而阻碍创新。相反，平衡和清晰的自我意识有助于个体更变通地看待他人和采取行动，为彼此关系的建立提供了更多的空间和机会。相反，自我坦诚则对成员间的相互信任、关系满意度和相互坦诚具有重要提升作用，有助于减少人际交往中的个人防御和竞争性，提升合作的可能性和有效生产力（Collins & Miller，1994）。

其次，谦卑型领导视团队成员为彼此依赖的知识主体，欣赏下属的能力，彰显下属的成绩。以往研究发现，当个人被赋予权力时，他们往往倾向于贬低他人的价值和贡献（Kipnis，1972）。金和希克斯（King &

Hicks，2007）提出，谦卑更多是关于肯定他人的能力，而不是消极看待自己。谦卑型领导在与团队成员协作与努力中善于发现和主动发现其他成员的价值，重视他人的长处，而不倾向"自恋"式的自我提升（Morris，2005）；允许他人提出不同的观点而不以自己为唯一支配的声音；承认并钦佩他人的长处和贡献而不视作对自身的威胁（Exline et al.，2004）。谦卑型领导视团队成员为意义建构的贡献者。谦卑型领导会对其保持真正的赞赏和真诚的肯定，在欣赏中寻求建立合作关系，而被欣赏的团队成员更容易识别和重视他人的独特能力和优势，更可能分享观点和价值，更富有活力地投入工作，更愿意参与意义创造的联合行动和共同决策中（De Jong & Den Hartog，2007），从而促成团队网状知识结构的形成和多元知识的交融。

再次，谦卑型领导具有学习开放性，接受不同声音，具有发展导向。大多数团队中，占主导地位的个体取向加速了对其潜能的抑制，压制了进入无限可能性的个体，他们往往只挑选符合自身需要的潜能，忽略多重性的存在，并制造出"局外人"的角色。这种疏离关系不仅发生在团队内部也扩散到团队外部，使个体之间、团队与团队之间的界限越来越清晰，最终导致团队活力的减弱，意义建构的停滞。而谦卑型领导有热情的求知欲和持续学习的渴望，同时，他们开放性地看待不同的观点，接受反馈，具有强烈寻求新观点的意愿（Tangney，2000），对于新知识和新观点的关注和欣赏远远超过自身的利益（Owens，2012），这样一系列行为在人际互动中通常与集体发展准备有关。本书提出谦卑型领导对多元信息途径的强调有助于平衡多重异质的关系，将团队内外的参与者纳入合作的过程不断繁衍关系丛，进而推进更大范围的团组交流和创新实践的产生。

在已有实证研究中，尽管缺乏谦卑型领导对团队创新绩效正向影响的直接经验证据，但是一些相关研究结论也提供了辅助性的佐证。例如，谦卑型领导对组织中的个体绩效水平（Owens，2013）和团队绩效（Owens，2015）都有显著影响且对组织的渐进性创新有显著影响（韩奉璋等，2016）。此外，周和吴（2018）通过对国内 169 个配对样本的研究表明谦卑型领导对员工创新行为有积极的影响作用。罗瑾琏等（2016）基于社会认知视角对国内 438 名知识型员工分析发现，谦卑型领导显著影响了员工的创造力。胡等（2018）等通过对中国 72 个团队的实证研究支持了谦卑对团队创造力的间接影响作用并揭示了其中的作用机制。国外学者通过 73 个团队小样本研究发现，谦卑型领导行为对团队创造力有间接影响作用（Lurdes & Filipa，2017）。基于以上分析，本研究提出以下假设：

H1：谦卑型领导对团队创新绩效有正向促进作用。

二、谦卑型领导对团队创新绩效"外部获取"作用路径假设

（一）谦卑型领导与团队知识获取

在知识经济中，一方面，个体知识越来越不完备，知识分散在不同知识主体身上；另一方面，知识在组织运营中变得更加重要且不同知识之间的相互联系得更加紧密，这使得组织中知识生产和知识创新变得更加复杂和不确定。团队知识分享、团队知识获取被看作知识管理和知识创新的关键活动（Zhang & Cheng，2015）。根据知识源的不同，团队知识获取更关注团队外部的知识和信息，但无论是团队内部知识分享还是外部知识获取均不会自动生成，领导风格常常被看成重要的前因变量（Yang，2007）。意义建构理论指出，当出现模糊、不可预测的问题时，领导者往往会进行意义发送（Maitlis & Lawrence，2007）。为了应对环境变化，领导者会通过象征性策略、话语策略或是语言叙事及符号表达等途径对情境做出解释（Maitlis，2005）。相关研究也表明，领导风格对组织中知识活动有重要的预测作用（Nguyen & Mohamed，2011；Zhang & Cheng，2015），团队领导会对外部知识获取进行引导和评估，有时也会

形成相应的行为参照（Vitital & Riitta，2004）。谦卑型领导通过坦承自己的不足塑造了开放性的话语环境（Owens & Hackman，2012），向团队成员传递了对多元知识获取的渴望以及对外部环境形成共同理解的诉求，并通过可教性的行为参照，可以有效减少员工的"自我膨胀"行为（褚福磊、王蕊，2019），避免团队成员由于过于精通某一个领域而忽略或排斥其他领域的知识和经验的可能，这对于团队对外部市场环境进行积极响应，主动获取行业动态、技术发展和顾客需求等信息和线索具有非常重要的促进作用。具体而言，谦卑型领导从如下几个方面促进了团队知识获取。

谦卑型领导引发团队对外部情境的关注和敏感性。意义建构理论强调个体的主体性和认知的多样性，多元化的情境形成不同意义建构的路径。谦卑型领导致力于自身的不断改善，具有学习的开放性，通过向团队成员坦承自己的不足，向他们寻求建议和反馈（Owens & Hackman，2012），避免了将自己看成团队唯一需要感知的情境，引发团队成员对外部情境的关注和理解，并通过可教性上率先垂范以及学习的开放性等行为引导团队成员多视角信息搜寻和探索，授予团队成员操控信息的权力，有效满足了团队成员探索的需要和学习的内在乐趣，为团队成员营造了充分发展的空间。

谦卑型领导帮助团队成员克服路径依赖的心理，增强知识获取的内在动力。团队对原有成功经验和路径的依赖常常阻碍了寻求新知识的动力，当团队聚焦于某一个领域且在这一领域过于精通就会产生即时优势的利基（March，1988），很容易形成专业保护，疏远和排斥其他领域的经验和知识。例如，卡兹和阿伦（Katz & Allen，1982）在一项针对团队层面的研究发现团队成员任期过长，会导致开放性不足和对外来信息的心理抵制。谦卑型领导具有清晰的自我意识，通过向团队成员坦诚自身的错误引导团队成员持续关注复杂的问题和环境。相关研究中，褚福磊、王蕊（2019）采用两阶段追踪调查的方法发现，谦卑型领导显著负向调节员工的资质过剩感与心理特权的关系，谦卑型领导通过一种示范效应降低了员工的"自我膨胀"行为。本书推断谦卑型领导在个体层次的这一影响作用同样适用于团队层次，谦卑型领导使整个团队基于对自身成绩的不足的正确认知，更加开放地看待新观点、更加关注知识的外在联系，主动寻求不同领域的知识致力于持续性自我改善，增强了团队成员探索外在情境和获取多途径知识的内动力。

基于以上分析，本研究提出如下假设：

H2：谦卑型领导对团队知识获取有显著正向影响。

(二) 团队知识获取与团队学习行为

团队学习行为是团队成员共同参与的集体性反思和持续行动过程（Edmondson，1999）。吉布森和维尔梅伦（2003）进一步将团队学习行为描绘成实验、反思性沟通和知识编码三类子因素。实验是指尝试新想法、新方法的行动；反思性沟通是团队成员试图表达他们正在思考、推断、理解的行动；知识编码是将隐性知识转换为显性知识并最终应用的过程。为了适应复杂的技术环境，组织对经验知识和异质知识的需求也越来越大，当开发新产品或服务时，组织可能面临知识过时或不足带来的挑战，需要组织或团队打开知识边界向团队外部获取知识。

团队外部知识获取是对团队外部包括来自技术的、市场的和相关专业个人和机构的综合知识扫描，跨领域、跨专业的反馈和建议，它超越了团队原有的知识边界。德库佩等（Decuyper et al.，2010）在他们的团队学习模型中指出，建设性合作和建设性冲突都是团队学习的重要形式。外部知识供给很大程度上促进了团队学习中的建设性冲突和合作，为团队学习和讨论贡献了丰富的给养，提升新知识意义的预期（Appelbaum & Reichart，1998）。

外部知识获取不仅扩充了团队的信息来源也扩大了团队的互动空间。知识不是对现实的准确表征和固定法则，会依据情境的不同，具体问题的差异进行加工和再造。团队是释放集体志向的地方和人们不断学习如何共同学习的场所（Senge，1990）。团队中每一个成员的经验和知识背景都与外部情境充分接触和互动，从中捕获新的线索形成独特的概念、问题以及发现问题的视角和思路。意义建构理论主张，让学习者参与有意义的情境中去才可能获得有效的知识迁移，团队知识获取作为前置行动需要通过对话、讨论等行动与补充行动及回应促进知识潜能的实现。而后边复杂行动的实现需要前面信息共享和信息获取的行动的邀约，为团队更高质量的讨论和观点的生成做足准备。

基于以上分析，本研究提出如下假设：

H3：团队知识获取对团队学习行为有显著正向影响。

三、谦卑型领导对团队创新绩效"内部分享"作用路径假设

（一）谦卑型领导与团队知识分享

知识管理的重要职能之一是识别和利用组织内的知识来帮助竞争（Von，1998）。但是，仅拥有高度个人化的见识或知识对问题的解决是远远不够的，团队成员间的共享知识和互补知识变得异常关键。依据意义建构理论，领导者对意义解释起到主要影响作用，并通过参与意义发送的方式（sensegiving）向成员传递改变对现实看法的必要性来影响他人意义构建的过程（Gioia & Chittipeddi，1991）。谦卑型领导彰显他人，在可教性上率先垂范能够帮助团队成员克服心理障碍，增加分享意愿，具体而言：

其一，谦卑型领导强调了群体的互依性和对他人重要性的觉知。团队成员常常以维护先验的信念以及强调自身的重要性来看待自己的经验，谦卑型领导具有清晰的自我意识，将团队的问题看成自己缺陷的核心部分（Hu et al.，2018），并真诚地向团队成员询问和求教，弱化了领导者在团队的强势地位，转而强调了团队内部人与人之间的关系。团队成员相互依赖关系的形成进一步为共同解决疑难问题提供了可能性。

这与只强调自身经验的重要性、个体的自我部分相比，团队成员更能意识到他人的优势，不但能积极主动地向他人寻求帮助，而且能够知道向谁获取所需要的知识，促进了团队成员之间对异质知识的同化和互补。

其二，谦卑型领导有助于团队成员克服心理障碍，提升分享意愿。知识分享被认为是典型的积极的角色外行为（罗瑾琏，2016），团队成员是否进行知识分享，很大程度上取决于其分享的意愿。团队在知识分享时常常会面临各种各样的心理障碍，如缺乏分享知识的自信，担心暴露自己的错误和不足，被认为无能，以及可能会影响未来晋升中的印象成本（Goffman，1955），即便分享的结果对组织或团队乃至个人有利，他们还是会选择抑制此类行为。谦卑型领导主动向下属坦诚不足，还以积极态度寻求改善的行为，为下属营造了安全的心理氛围，提升团队自尊和满意度，满足团队成员的成就感和分享信念，使分享行为获得精神上的愉悦。丁等（Ding et al.，2014）研究发现，团队自尊和团队认同完全中介了情感导向信任和知识分享，并指出，项目经理应该重视培养团队成员团队自尊感和团队认同感的建立，以及由此产生的团队成员之间的情感信任。

团队内部知识分享是对团队成员显性知识和隐性知识的交换，有助于团队内部知识碎片的重新建构。然而，相对于显性知识隐性知识的识别和传递更加困难，闰等（2016）指出，隐性知识的虚幻性质导致团队成员在获取或分享隐性知识时，可能会怀疑他们的行为是否能被认可。这也意味着，团队成员能否进行知识分享很大程度上取决于其分享的意愿，而团队成员分享的意愿与领导者的行为密切相关。相关研究发现，领导在向下属进行意义给赋时，其语言框定中蕴含着参照价值，不同的参照价值会引发下属不同的关注点，进而影响下属的行为倾向性（尚玉钒，2010）。谦卑领导谦逊问询，主动征求建议的行为向团队成员释放了高度开放的信号，塑造了合作、信任的团队氛围，对于团队成员能够自愿、主动进行知识分享具有行为示范作用（王蕊，2013）。

实证研究中谦卑型领导对知识分享的正向促进影响也初步获得了一定共识。我国学者施郁文（2016）实证检验了二者的关系，结果表明谦卑型领导对员工知识分享有着显著的预测效应。团队层面，欧（2014）研究发现，谦卑型领导有助于提升团队合作行为、团队信息分享和集体决策等群体行为。王艳子等（2018）实证研究发现，下属会模仿谦卑型领导行为以谦卑的方式处理关系，提升了成员间的信任和合作，进而促进了员工之间的知识共享。综上所述，本研究提出如下假设：

H4：谦卑型领导对团队知识分享有显著正向影响。

（二）团队知识分享与团队学习行为

普罗凯希（Prokesch，1997）提出，在全球信息时代知识竞争的关键是比竞争对手更有效的利用知识的能力。知识基础理论（Grant，1996）和学习理论（Huber，1991）都强调了员工之间的知识分享在知识利用中的重要性。面临不确定的环境和复杂的技术，员工已有的知识和经验不能适应新情境的变化，而最有效的最快速的途径是求助团队内部成员进行信息交互和共享。与团队外部知识获取所不同的是，团队内部知识分享强调的是对团队内部知识经验的外化与传播，从而实现内部知识的有效利用（Chuang，2016），有助于促进集体性反思和行动（Sitkin，1992；Edmondson，1999），根据维克（1995）的观点，建构主体通过共同搜寻、假设提出、学习成果评价的开放式的合作完成学习任务成为意义建构重要形式和手段，由此推断，团队知识共享对团队学习行为有正向促进作用。

一方面，团队知识共享促进了团队从个体知识到集体知识建设性的互动。知识共享开始于个体知识，个人知识的回报实际上取决于团队整体成员的发展，知识共享通过不同专业、不同技术专长的团队成员的知识碰撞和知识交替实现知识迁移，其过程嵌入了大量群体成员互动行为，频繁的互动一方面有效地扩展了团队成员的知识存量，弥补个体的知识不足，也使团队成员能够在短期内通过模仿增加了认知和行为方面的胜任力，促进了团队成员内部建设性的讨论与互动，以及对同一问题的共同理解。

另一方面，团队知识共享提升了团队学习中问题解决的效率。应对复杂、多变的环境其关键是要足够快的学习以保持竞争优势，团队学习的效率可以决定它是否会改进和多快的程度上提升团队绩效和获取竞争优势。团队学习行为从某种程度上反映了团队成员通过检测和纠正错误来响应团队内外部环境的变化（Edmondson，1999）。团队知识共享意味着直接从他人的经验中获取有效信息提升了整个团队学习的质量和速度（Cross & Baird，2000）。而越高效率的知识共享则丰富了团队学习的经历和经验，使其在应对复杂问题时变得更高效。

综上所述，本研究提出如下假设：

H5：团队知识分享对团队学习行为有显著正向影响。

四、谦卑型领导对团队创新绩效的链式中介效应假设

（一）团队学习行为与团队创新绩效

企业的成功很大程度上取决于学习利用变化转化为知识的能力。团队在寻求提高学习变化的速度和有效性时会采取学习行动，如反思和调整以促进自我转型。理论研究中构建了诸多团队学习的相关模型，如知识管理（Lynn et al.，1999）、系统理论和团队授权等。尽管团队学习行为被看作团队创新发展的重要前因变量，但在现有团队学习与团队绩效的研究中，多是以团队的任务绩效作为结果变量，对于团队学习和创新绩效的关系缺乏探讨。

根据意义建构理论，个体学习被看成个体解释、反思到行动的重要过程，并最终对绩效改善负责（Messmann & Mulder，2015），而这些被认为有助于个体创新绩效水平提升的行为，同时也适用于团队层次（Edmondson，1999）。首先，团队学习使得团队通过外部获取得到的多元化

的知识和差异化的观点变得可用性更强。外部获取的反馈、建议和新观点等是通过团队外部探索获得，带有很强的模糊性，尽管具有新颖性，但是否具有可用价值需要经过团队学习过程和实践检验，这需要团队通过互动讨论和集体协商，形成共同意义的知识迭代才能最终转化成新的产品或服务完成创新过程。其次，知识质量的优化的客观要求。团队的另外一部分信息来自团队内部分享，内部知识的分享很有可能停留在对内部知识存量的传播和释放上，通过小组学习和公开讨论的形式提出疑问、接受反馈，对失败的经历进行反思，而对原有经验的不断反思也意味着更先进和更广泛的行动计划，提升了团队内部观点的质量，从而使他们更好地适应意外的情况和任务（Messmann & Mulder，2015）。

已有实证研究表明团队学习对团队绩效有直接的影响作用（Cavaluzzo，1996）。此外，王莉红等（2011）研究发现，在高团队学习行为的氛围中，团队通过定期开放讨论和反思工作进程等行为，促使成员进行探索式学习有助于创新行为的产生。相关研究还发现，作为团队学习行为的重要子维度，反思性沟通有助于提高团队成员应对挑战的灵活性（Messmann & Mulder，2015），并正向促进了团队创新（Lei et al.，2022）；内嵌于团队学习行为中的知识编码通过对学习方式的影响，对创新绩效也具有积极影响（温兴琦等，2019）。根据意义建构理论，团队成员通过持续性的对话、反馈以及尝试性和实验性的行动形成集体认可的意义，并最终带来绩效的改善（Dervin，1998）。

综上所述，本研究认为，团队学习行为提升了知识的可用性和观点的质量，最终提升了团队创新绩效。提出如下假设：

H6：团队学习行为对团队创新绩效有显著正向影响。

（二）团队知识获取、团队知识分享的单独中介作用

知识要素和知识行为常被作为领导风格和创新绩效之间典型中介变量。如徐昊（2014）研究发现，服务型领导对知识共享有正向促进作用，知识共享对员工创新有显著正向影响。曾颖（2012）探讨了家长式

领导、员工知识共享与企业创新绩效之间关系。研究发现，知识共享在家长式领导（仁慈、德行、威权）与企业创新绩效的正向关系中起到了中介作用。周健明（2015）通过对我国知识领导与创新绩效的关系的实证研究发现，团队知识分享完全中介了研发团队中知识领导与团队产品创新绩效的关系，团队互依性越强，团队知识领导对团队知识分享的正向促进作用越显著。吕兴群（2016）检验了企业不同发展时期，知识获取在企业领导风格和创新绩效的中介作用，发现无论是在与企业初创期还是成长期内部知识获取和外部知识获取均对创新绩效有显著正向影响。应该说，团队知识储备的数量和质量决定了知识创新的程度，而知识储备又受到团队前期知识获得和利用以及团队学习进行知识转化的能力的影响，前者（知识获得和分享）和团队领导者的支持性紧密相关（Nguyen & Mohamed，2011），后者知识能否转成新价值，很大程度上依赖于团队学习以及相关联的学习氛围（Offenbeek & Marjolein，2001）。

团队知识管理与团队学习行为紧密相关。缺少知识管理，就无法发展个体或团队的学习能力；而没有团队学习，知识也会丧失发展潜力。此外，团队成员通过信息扫描既可能获得直接线索，也会发现大量异质性知识，根据意义建构理论，差距是意义建构行动的地方，它会促使团队成员关注与情况有关的多样性和变化的可能性，探索根植于团队内外不同知识主体的隐性知识。而为了弥合差距，形成共同的理解，团队在知识管理活动的基础上会对信息进行连续解释（Weick，1993），并借助团队的沟通对话和尝试性的实验活动帮助隐性知识转移和外化。

谦卑型领导表现出清晰的自我意识，彰显下属的才能和学习的开放性等行为与团队成员之间建立了相互依存的密切关系。他们通过为团队成员提供开放性的话语环境（坦诚自身不足）和行为参考的框架（彰显下属的优势，在可教性上率先垂范）进行意义给赋，引导团队成员对内外部不同知识主体之间异质性知识和观点的接纳，触发团队成员理解当前情境的动机（Dervin，1998）；另外，谦卑型领导鼓励团队成员说出怀疑和反复试验（Owens & Hekman，2012），激发了团队中以学习为导向的互动，为团队成员的学习和发展提供了合法化的解释，有助于促进团队知识的持续改进和完善。

综上所述，本研究提出，团队内部知识分享和团队外部知识获取在谦卑型领导和团队创新绩效之间发挥中介作用。因此，提出如下假设：

H7：谦卑型领导通过团队知识获取对团队学习行为的间接影响正向显著。

H8：谦卑型领导通过团队知识分享对团队学习行为的间接影响正向显著。

（三）团队知识获取、团队知识分享和团队学习行为的链式中介作用

团队创新包括知识创造和知识集成两个核心过程，知识创造描述的是新观点、新思想的产生，知识集成强调通过知识转移、知识分享、知识整合实现创新的成果（Hülsheger et al.，2009）。团队创新绩效更强调结果层面，罗弗莱斯等（Lovelace et al.，2001）将团队创新绩效细分为团队产品创新性、新想法的数量、技术绩效和对变革的适应性四个层面。在组织管理中，影响团队创新绩效的因素众多，如团队领导、团队成员构成、知识管理及团队学习等。团队学习被视为知识的动态过程，一些研究将组织或团队学习行为视为知识管理能力（知识分享、转换、利用）与组织创新之间的重要中介变量（Liao & Wu，2010）。王莉红等（2011）研究发现，在高团队学习行为的氛围中，团队通过定期开放讨论和反思工作进程等行为促使成员进行探索式学习，从而有助于创新行为的产生。另外，研究表明，作为团队学习行为的重要子维度反思性沟通有助于提高团队成员应对挑战的灵活性（Messmann & Mulder，2015），并正向促进了团队创新（Lei et al.，2022），内嵌于团队学习行为中的知识编码通过对学习方式的影响，对创新绩效也具有积极影响（温兴琦等，2019）。

根据意义建构理论，领导行为是影响团队创新绩效的重要情境变量，

谦卑型领导强调与团队成员之间的关系，赋予他人建构意义的优先权，彰显他人的优势，使团队的知识分享和知识获取行为都得到了促进。此外，谦卑型领导通过谦逊的学习、问询等行为的示范作用为团队知识创新中可能出现的错误、失误提供合法化解释（Lei et al.，2022）。在包容性的话语环境下，团队成员会就如何对内外部资源中的不同要素加以利用、如何设计和解释信息进行交流与协商，并将歧义和差距重新解释为学习的机会（Weick et al.，2005），这一关于知识发展的动态协商过程在团队中被视为团队学习，有意义的知识随着团队学习过程得以涌现，促进了团队知识显性化（Gibson & Vermeulen，2003；Zellmer – Bruhn & Gibson，2006），并以此为新的行动框架展开探索性的实验行动。团队成员通过持续性的对话、反馈以及尝试性和实验性的行动形成集体认可的意义，并最终带来绩效的改善（Dervin，1998）。

综上所述，本研究提出谦卑型领导通过影响团队成员的外部的知识获取和内部的知识共享行为，正向影响了团队学习行为，并最终促进了团队创新绩效。路径 1 中，团队知识获取、团队学习行为中介了谦卑型领导和团队创新绩效的关系，路径 2 中，团队知识分享、团队学习行为中介了谦卑型领导和团队创新绩效的关系。因此，提出如下假设：

H9：谦卑型领导通过团队知识获取、团队学习行为的连续中介作用，对团队创新绩效产生正向影响。

H10：谦卑型领导通过团队知识分享、团队学习行为的连续中介作用，对团队创新绩效产生正向影响。

五、谦卑型领导对团队创新绩效的调节效应假设

（一）组织目标清晰度对谦卑型领导和团队知识获取关系的调节

谦卑型领导对下属关系的强调，促进了团队成员与团队之外的关系

的延伸和知识交互，但外部获取的知识并不都是完全适合、可以直接利用的。这是因为来自市场信号的知识可能是模糊不清的，外部专业知识的利用还需要结合团队具体情境，外部获取的知识开发利用时也会存在较大的风险性。根据社会互动理论，目标结构界定了不同个体之间的依赖类型，相互依赖的类型和程度又会决定个体如何为实现目标所进行的行动（Johnson & Johnson，2005），这意味着目标对于领导与团队成员关系以及行动的方式具有指导和限定性。目标清晰性是如何清晰定义、分享和评定目标（Anderson & West，1996），组织目标清晰度指的是，目标在何种程度上允许解释的余地或一个人如何解释、构思和应用目标的余地（Chun & Rainey，2005b）。依据清晰程度的不同，组织目标可分为组织目标清晰和组织目标模糊。那些必要的，较少演绎的目标被认定为清晰的目标，而那些通过更多演绎的，既不具体也非确信的目标被认为是模糊的目标（Davis & Stazyk，2016）。

组织目标清晰在知识经济时代具有重要的意义。这是因为，一方面，知识本身具有高度模糊性，不同经验下的团队主体对知识有不同的感知和理解，在不确定的时代如果想仅通过获取更多知识来降低自身的不确定性很有可能使团队变得更加混乱，特别是在知识建构过程中的破坏性冲突，不仅会影响最终的绩效也会严重遏制创新；另一方面，在现实工作中，团队常常面临着知识短缺和知识超载的同时并存的困境，尤其是对于一些知识密集型企业而言，当信息越来越多的时候，团队成员需要花费更多的时间和注意力从众多的知识中区分选择哪一个更有用（Huber，1991），而模糊的目标导致团队成员时间和精力的过度消耗，而无法在实际创新工作中投入更多的努力（Onyemah，2008）。基于以上知识经济背景下知识管理的困境，可以预测完全松散和发散的环境并不利于团队创新，多样化的知识只有在清晰的组织目标下才能获得优势。根据意义建构理论组织目标要被参与对话的所有成员所共享，谦卑型领导在为团队塑造开放的知识互动环境的同时若不能及时地和团队成员沟通组织愿景，将抽象的愿景转化成团队成员可以共享的问题和基本的方向，会在很大程度上增加团队成员知识扫描的困难，降低的满意度、工作动机和外部合作意愿（Locke & Latham，2013），即使获取了团队所需要的信息和知识但也有可能偏离了组织的总体目标未能实现良好的绩效表现；相反，组织目标越清晰，团队成员在知识获取时的感知和努力方向越清晰，而清晰的组织目标为团队成员提供了明确的期望（Locke et al.，2011），目的感和方向感（Stazyk & Goerdel，2011），将有助于提升知识获取的质量和效率。本研究提出组织目标清晰性是谦卑型领导和团队知识获取关系的边界条件，也就是说，谦卑型领导在多大程度上影响团队成员知识获取取决于团队成员感知到的组织目标的清晰程度。因此，提出如下假设：

H11：组织目标清晰度正向调节谦卑型领导对团队知识获取的影响。当组织目标越清晰，谦卑型领导对团队知识获取的影响越强。

（二）组织目标清晰度对谦卑型领导和团队知识分享关系的调节

意义建构理论指出，群体意义建构必须围绕群体共同理解的目标并依据该目标开展实践活动。谦卑型领导彰显团队成员的优势，不断和团队成员沟通组织愿景，解读和细化目标的含义，鼓励团队成员之间的知识交换，当团队成员能够感知到高清晰、可理解的组织目标，更清楚组织的价值导向和对他们的行为期待，便可根据目标调整关注点，明确自己所需要的知识，从哪里获得、如何获得以及怎样使用，为共享行为寻找正当的理由。可以认为高清晰度的组织目标和谦卑型领导对团队成员开放性的支持，交互激发了团队成员高水平互动的动机；相反，模糊和不一致的目标会带来组织中对角色理解的困难（Stazyk & Goerdel，2011）。已有研究表明，谦卑型领导与团队行为之间的关系会受到诸如目标、压力等外部情境的影响（Ehrenhard，2014）。即使团队有开放性的共享氛围，成员有强烈的分享意愿以及频繁的知识互动也无法确定优势知识资源（Blackler，1995），导致团队知识共享质量的下降。因此，组织目标的清晰程度会影响到谦卑型领导和团队知识分享关系的边界条件。这意味着，谦卑型领导在组织目标清晰的情境下更能激发团队成员知识分享达到更好的效果，否则，团队成员极易由于缺乏统一的方向丧失行动的信心。基于以上分析，本书提出如下假设：

H12：组织目标清晰度正向调节谦卑型领导对团队知识分享的影响。当组织目标越清晰，谦卑型领导对团队知识分享的影响越大。

（三）组织目标清晰度正向调节从谦卑型领导到团队知识获取再到团队学习行为的间接路径

意义建构的情境化的特性决定了建构的结果受到具体情境的影响，情境创设的好坏会对意义建构的效率产生影响。因此，对于团队而言，情境创设需与意义建构的方向一致。我们可以推测，团队外部与团队内部由于处于不同的环境，不同的知识背景以及建构个体自身的差异性，建构过程中必然裹挟着大量的分歧和不同意见。与此同时，知识交互带来的混乱也在发生着，这对谦卑型领导如何在促成沟通互动和分歧产生的同时引导合理的分歧，使其不至于演化成恶性的竞争和内部的倾轧提出了挑战。研究指出，目标清晰性有助于提升团队效能，促进建设性的互动和开放性的沟通（Gladstein，1984），指导团队成员行为动机向成果转化，进行战略选择（Hoegl & Parboteeah，2003；Kleingeld et al.，2011）。可以推测，高目标清晰度的团队能够更清楚内外环境的差异，并基于对差异的认知和理解的基础上促进建设性互动和开放性的跨界沟通。谦卑型领导通过更为高效的外部知识获取和更为建设性的互动促进更深层次的知识转化。据此，本书推测，组织目标清晰度通过团队知识获取的中介作用对团队学习行为产生影响。基于以上分析，本书提出如下假设：

H13：组织目标清晰度正向调节从谦卑型领导到团队知识获取再到团队学习行为的间接路径。

（四）组织目标清晰度正向调节从谦卑型领导到团队知识分享再到团队学习行为的间接路径

团队成员内部包含着不同技能类型和知识专长的成员，他们在谦卑型领导的影响下发展了对他人重要性的觉知，突破心理障碍，进行知识咨询和新知识分享，为了解决团队内部存在的既有问题，他们需要多个个体之间不断地交互和沟通以及深入地反思（从错误中学习）（Edmondson，1999）。区别于团队外部知识获取，团队知识分享是建立在内部网络基础上团队成员经验知识的扩散行为，反映了团队内部多个个体交互行动的过程。然而，高度交互的学习并不总是促进作用，洛纳马和马奇（Lounamaa & March，1987）曾经指出，多个交互作用的个体很难在嘈杂的环境中学习。目标具有结果评价功能，为整个过程提供反馈。在整个实施过程中，团队在任务，流程和决策方面拥有重要的权限，可能设置完全不现实的团队目标，或是偏离了组织的目标，而此时团队的行为会受到组织目标的监控并予以反馈；相反，缺乏反馈会导致团队像孤岛一样偏离组织战略方向（Jassawalla & Sashittal，2000）。据此提出如下假设：

H14：组织目标清晰度正向调节从谦卑型领导到团队知识分享再到团队学习行为的间接路径。

（五）组织目标清晰度正向调节从谦卑型领导到团队知识获取、团队知识分享到团队学习行为再到团队创新绩效的间接路径

对于嵌入较大组织环境中的团队，组织是团队的主要利益相关者和所有者并最终评估团队绩效，实现组织的目标对于团队绩效至关重要。组织目标的清晰性代表了团队激励的方向，如果团队成员不能对组织清晰解读并与组织目标形成一致的方向，就无法将精力或毅力充分投入。组织设计理论家们发现一些自我管理型团队忽视了和组织目标的整体联结，这导致了尽管团队成员对团队任务目标有所共识，但这个目标有可能与组织目标并不一致，甚至较高的团队目标带来了较低的组织绩效（Gonzalez – Mule et al.，2014）。另外，相关研究指出，谦卑型领导在一些特定的情境下也容易被一种只关注自己小团队得失的心态所侵蚀，这使得他们对自己团队的强烈的信念已经超过对组织整体更大使命的信奉，即使团队存在相互依赖、信任的氛围，共同学习的行为，也使创新绩效的转化受到阻碍。

目标设置理论解释了当个体或团队的战略导向他们的目标时更容易实现高水平的绩效（Locke & Latham，2002）。另外一些研究表明分享的目标帮助团队成员参与创新过程中（Gilson & Shalley，2004），保证团队创新过程和绩效目标的一致性，促进最终的创新成果形成（Weingart & Weldon，1991）。反之，如果组织目标不清晰会导致团队在采取行动、制定决策时偏离组织目标（Sundstrom et al.，1990）。实证研究中，绝大多数研究发现模糊的目标阻碍个体和组织绩效的发展（Jung，2014），而清晰的目标促使员工表现出较高水平的工作动机进一步提升个体、团队和组织绩效（Locke & Latham，2013；Stazyk & Goerdel，2011；Chun & Rainey，2005a，2005b）。

本研究进一步提出如下假设：

H15：组织目标清晰度正向调节从谦卑型领导到团队知识获取到团队学习行为再到团队创新绩效的间接路径。

H16：组织目标清晰度正向调节从谦卑型领导到团队知识分享到团队学习行为再到团队创新绩效的间接路径。

第四节　本章小结

本章通过扎根理论的研究方法首先从原始访谈资料中获得关键概念、范畴对理论进行构建。主要分为两个阶段：一是实质性理论建构阶段，即根据质性研究中的扎根理论方法，通过对原始数据的三级编码最终找到了研究中的六个主范畴和一个核心范畴，并基于这些分析结果，采用条件－因果逻辑来尝试构建谦卑型领导通过影响团队表层知识互动进而促进团队深层学习互动的链式影响路径的理论模型；二是形式理论建构阶段，即针对已建构的模型，从团队层面回顾与此相关的理论文献，将概念联系起来并充实细节，以进一步完善实质理论使其上升为形式理论，最后从内部一致性和逻辑关系上重新审视框架，保证理论框架逻辑流畅。

在得出了谦卑型领导与团队创新绩效的理论模型的基础上，本章基于社会互动和意义建构理论视角提出谦卑型领导与团队创新绩效内在机制中各变量之间关系的理论假设，在接下来的研究中将采用定量的研究方法验证该理论模型是否具有有效性和可推广性。

第二篇
实证研究篇

第五章　研究设计与数据获取

第一节　研究样本与数据获取过程

研究样本来自京津冀地区的制造业公司、医药公司、教育咨询公司、汽车销售等多家公司中的工作团队，这些工作团队的职能包括生产制造、市场营销、研究开发以及行政管理等多个类别。在各公司人力资源部的配合下，共计向108个团队发放了调查问卷，每个团队有1名领导，共计506名团队成员。在问卷初始申明了保密原则，承诺问卷仅用作学术研究使用，与团队领导和团队成员的绩效、薪酬及晋升无关，以便打消他们在填写问卷时的顾虑，真实反映他们的感受。同时，在问卷发放时隐去了姓名，团队领导与下属团队员工的数据以及前后两个时点的数据按照研究者编制的唯一编号进行匹配。

问卷收集分两个时点进行，两个时点间隔一个月左右。团队成员在时点1评价团队领导的谦卑型领导风格以及性别、年龄、工龄、学历等人口特征变量，在时点2评价组织目标清晰度。团队领导在时点1提供与团队成员相似的人口特征信息、团队知识获取、团队知识分享，在时点2评价团队学习行为以及团队创新绩效。经过将前后两次数据进行匹配，最终获得来自64个团队共计308名员工的反馈数据。团队整体的回收率是59.25%，团队员工的回收率是60.87%。每个团队包含1名主管领导，平均每个团队包括4.81名成员。在团队领导中，男性占

78.13%，平均年龄为 37 岁，平均工龄为 9 年，专科和本科学历合计占绝大多数，分别为 45% 和 47%。在团队成员中，男性占 55%，平均年龄为 32 岁，平均工龄为 5 年，专科和本科学历合计同样占绝大多数，分别为 50% 和 43%。

第二节 测 量 工 具

研究所选用的量表均来自领域内英文顶级期刊。按照布里斯林（Brislin，1980）的做法，对这些权威量表中的每个条目进行了多次翻译与回译，直到与原文保持一致，以确保表达相同的含义。

一、谦卑领导

根据访谈结果，谦卑型领导的三个维度与国外欧文斯等（Owens et al.，2013）开发的谦卑维度基本一致。因此采用了欧文斯等（2013）开发的量表中所有的条目，包括清晰的自我认识、欣赏他人成就、可教性三个方面，共九个题项。欧文斯等（2013）开发的量表在中国情境中已获得广泛使用，表现出良好的信效度指标（唐汉瑛等，2015；罗瑾琏等，2015）。团队成员在测量时点 1 各自评价其直接主管的谦卑型领导风格后聚合到团队层次使用。问卷条目例如"他/她主动寻求别人对自己的反馈，即使是那些具有批判性的反馈"和"他/她彰显下属的成就"。问卷采用 7 点李克特量表形式，1 表示"非常不同意"，7 表示"非常同意"。

二、团队知识获取

团队知识获取的测量采用闫等（2016）改编自王（2004）和安考纳和卡德维尔（1992）的四条目团队知识获取量表，衡量了团队作为一个整体从外部获得想法、专业知识或建议的程度。闯等（2016）在中国情境中使用此量表时表现出了良好的信效度指标。团队领导在测量时点 2 评价其所领导团队的整体知识获取情况。问卷条目例如"我们团队会从团队外部的人员那里寻求观点或意见"和"我们团队会从团队外部的人员那里寻求反馈"。问卷采用 7 点李克特量表形式，1 表示"非常不同意"，7 表示"非常同意"。

三、团队知识分享

团队知识分享的测量采用闯等（2016）使用的七条目团队知识分享量表，衡量团队成员在多大程度上与团队中的其他人分享他们的专业知识和经验。其中四条目改编自法拉吉和斯普罗尔（Faraj & Sproull，2000）的量表，另有三条目为闯等（2016）补充。闯等（2016）在中国情境中使用此量表时表现出了良好的信效度指标。团队领导在测量时点 2 评价其所领导团队的整体知识分享情况。问卷条目例如"在我们团队中，成员彼此之间会分享他们独特的知识"和"如果一名成员知道如何更有效地完成团队任务，他/她会告诉其他团队成员"。问卷采用 7 点李克特量表形式，1 表示"非常不同意"，7 表示"非常同意"。

四、团队学习行为

团队学习行为的测量使用艾德蒙森（1999）开发的经典七条目测量问卷，团队成员对其在学习行为方面的表现进行评价。此量表在中国情境中已获得广泛使用，表现出良好的信效度指标（王莉红等，2011；顾琴轩、王莉红，2015）。团队领导在测量时点 2 评价其所领导团队的整体学习行为。问卷条目例如"我们团队常有成员会让大家反思工作流程并从中学习"和"我们经常寻求新信息引导我们做出重要变革"。问卷采用 7 点李克特量表形式，1 表示"非常不同意"，7 表示"非常同意"。

五、团队创新绩效

团队创新绩效的测量采用莱弗雷斯等（2001）开发的四条目团队创新绩效量表，从团队产品创新性、引入创意的数量、总体技术绩效水平、对变革的适应性四个方面来衡量团队创新绩效。此量表也已在中国情境中应用，并表现出良好的信效度指标（刘小禹、刘军，2012）。团队领导在测量时点 2 评价其所领导团队的整体创新绩效。问卷条目例如"我们团队工作的创新程度很高"和"我们团队的工作成果非常具有新颖性"。问卷采用 7 点李克特量表形式，1 表示"非常不同意"，7 表示"非常同意"。

六、组织目标清晰度

组织目标清晰度的测量使用穆勒等（Gonzalez－Mulé et al.，2016）改编自帕特森等（Patterson et al.，2005）的四条目组织目标清晰度量表，衡量的是团队成员对于目标以及他们嵌入的组织目标共同的意识和理解。团队成员在测量时点 2 各自评价其对组织目标清晰度的认识后聚合到团队层次使用。问卷条目例如"我们团队中的成员对组织目标有深刻的理解"和"组织就未来发展方向与我们团队中的成员进行了清晰的沟通"。问卷采用 7 点李克特量表形式，1 表示"非常不同意"，7 表示"非常同意"。

七、控制变量

为了排除其他因素对研究结论的干扰，本研究在后续所有检验中均包含了以下三个方面的控制变量。

首先，以往研究发现，团队成员性别比例、团队成员平均年龄、团队成员平均受教育程度、团队成员平均工龄、团队成立时间、团队规模会对研究变量产生影响（罗瑾琏等，2017），因此，将这六个变量作为控制变量。

其次，因为所包含的团队的工作类型包括生产制造、市场营销、研究开发以及行政管理等多个类别，不同类型团队的知识获取/分享、团队学习以及团队创新等方面会有差异，所以引入团队工作类型哑变量对此进行控制。具体而言，我们将行政管理类型的团队作为参照类，其余三类（1 = 生产制造，2 = 市场营销，3 = 研究开发）以哑变量形式进入回归模型和结构方程模型。

最后，由于本研究聚焦于团队层面，因此控制变量还包括团队成员交换和团队成员交换强度，将其加入回归和结构方程模型中控制团队层次的总体成员交换水平。团队成员交换强度是在团队成员交换基础上计算得出。团队成员交换的测量使用西尔斯等（Seers et al.，1995）开发的十条目量表。团队成员在测量时点 2 各自对团队成员交换进行评价。问卷条目例如"我经常向团队里的其他成员提出工作上的建议"和"如果我在工作中影响到了团队其他成员的工作，他们通常会告诉我"。问卷采用 7 点李克特量表形式，1 表示"非常不同意"，7 表示"非常同意"。在获得团队中每名成员评价的团队成员交换分数之后，我们参照里高等（Rego et al.，2017）的做法，用团队中成员评价分数的标准差来反映团队的成员交换的一致性程度，由此得到一个新的团队层次变量——团队成员交换强度。为了便于解释，我们用最大的团队标准差减去每一个团队标准差，由此数值越大则团队成员交换强度越大。

第三节 数据分析

一、数据分析策略

为了验证研究中所提出的研究模型，首先，通过 SPSS 采用分层回归的方法对模型中的直接效应进行检验;其次,由于需要验证连续多中介效应、调节效应和被调节的中介效应,因此采用 Hayes 编制的 SPSS 宏程序 Process 来整理和分析数据。在中介效应检验中,分别采用了 Process 中的第 4 个模型和第 6 个模型进行数据分析。第 4 个模型用来检验团队知识获取(团队知识分享)在谦卑型领导和团队学习行为之间的中介效应,第 6 个模型用来检验团队知识获取(团队知识分享)和团队学习行为在谦卑型领导和团队创新绩效之间的链式中介效应。在进行调节效应检验时,选择了 Process 中第 1 个模型验证组织目标清晰度在谦卑型领导和团队知识获取(团队知识分享)中的调节效应。对于被调节的中介效应,选择 Process 中第 7 个模型检验组织目标清晰度在谦卑型领导通过团队知识获取(团队知识分享)对团队学习行为间接路径的第一阶段的调节效应。在控制了团队层面特征变量,例如,团队成员性别比例、团队成员平均年龄、团队成员平均受教育程度、团队成员平均工龄、团队工作类型〔1 = 生产制造,2 = 市场营销,3 = 研究开发,4 = 行政管理(参照类)〕、团队成员交换和团队成员交换强度后,通过 10 000 次抽样估计中介、连续中介效应 95% 置信区间的方法对理论假设模型进行中介、调节和被调节的中介效应检验。

最后,为了验证被调节的链式中介模型,通过 Mplus 7 构建团队层面结构方程模型。分别构建了谦卑型领导、组织目标清晰度以及两个变量的交互项影响团队知识获取(团队知识分享)的模型,谦卑型领导、组织目标清晰度,谦卑型领导与组织目标清晰度交互项、团队知识获取(团队知识分享)、团队学习行为影响团队创新绩效的模型。通过这三个模型的构建进一步比较调节效应在高和低不同水平下的间接效应来检验假设。

二、个体层次变量聚合检验标准确定

由于是团队层面上的模型,在数据收集过程中,既包含了个体层面的变量，同时也包含了团队层面的变量。因此，个体层面谦卑型领导、组织目标清晰以及团队成员交换强度需要进一步进行聚合，转变为团队层面的变量。

为了检验个体层面数据是否适合聚合到团队层面（谦卑型领导、组织目标清晰度），我们计算了 rwg（j）、ICC（1）和 ICC（2）这三个指标。其中，rwg（j）用于判断统一团队中的员工是否具有相对一致性，ICC（1）用于判断团队间是否具有足够的组间变异，而 ICC（2）是用来检验团队平均数的信度。这三个指标通常临界值是 rwg（j）>0.70，ICC（1）>0.05 且 ICC（2）>0.60。结果表明，谦卑型领导、组织目标清晰度的平均 rwg（j）分别为 0.94 和 0.96。ICC（1）值分别为 0.27 和 0.14，ICC（2）值分别为 0.58 和 0.86。总之，谦卑型领导和组织目标清晰度的三个指标都达到了聚合的基本要求，所以数据在团队层面上的聚合是适当和有效的。

三、共同方法偏差检验标准确定

在调查时，为了避免共同方法偏差，采用了配对样本的收集方法。在每个调查团队中，领导者需要对团队的知识获取、知识分享、学习行为、创新绩效进行评价。而员工需要对团队的谦卑型领导、组织目标清晰度作出评价。通过不同来源的数据，同时又可将个体层面的变量聚合到团队层面，有效地避免了共同方法偏差。

在调查后，采用了 Harman 单因子检验来评估共同方法偏差，通过探索性因子分析，使用未旋转的主成分分析方法进行检验，判断析出的单一因子是否解释了大部分的方差变异。具体到本研究中，所有题项共提取了 10 个未经旋转的特征值大于 1 的因子，共解释了 70.41% 的变异，其中第一个因子的解释量为 19.58%，据此认为本研究数据不存在严重的共同方法偏差问题，即共同方法偏差不会对统计分析结果产生严重的影响，由此得出的研究结论是可以信赖的。

第四节　统计学差异检验

本研究中将团队成员性别比例、团队成员平均年龄、团队成员平均受教育程度、团队成员平均工龄和团队成员交换等团队特征作为控制变量，考虑到在同一特征差异会对谦卑型领导、知识获取、知识分享、组织目标清晰度、团队学习行为、团队创新绩效等研究变量产生影响。因此，使用 Kruskal – Wallis H 检验方法对各特征变量进行单因素方差分析。

各团队特征分为五组，分组标准为 20 分位数、40 分位数、60 分位数与 80 分位数，团队特征分位数如表 5 – 1 所示。

表 5 – 1　　　　　　　　　　团队特征分位数

分位数（%）	性别比例	平均年龄（岁）	平均受教育程度	平均工龄（年）	成员交换
20	0. 314	28. 814	1. 170	5. 966	5. 097
40	0. 500	30. 330	1. 330	7. 330	5. 300
60	0. 670	32. 052	1. 600	8. 540	5. 445
80	0. 864	35. 176	1. 830	11. 530	5. 593

一、团队成员性别比例差异分析

秩和检验（rank sum test）又称顺序和检验，是一种非参数检验（nonparametric test）。它不依赖于总体分布的具体形式，应用时可以不考虑被研究对象为何种分布以及分布是否已知，因而实用性较强。因此，计算不同性别比例下的各变量秩平均值。

从表 5 – 2 可知，不同性别比例下谦卑型领导、知识获取、知识分享、组织目标清晰度、团队学习行为、团队创新绩效等变量的占比数量，以及秩次平均值，但平均秩次平均值并不能充分反映各组数据的其中趋势，因此对秩次进行假设检验，检验结果如表 5-3 所示。

表 5-2 性别比例频率及秩平均值

变量	性别比例	频率	秩平均值	变量	性别比例	频率	秩平均值
谦卑型领导	1	12	29	团队知识分享	1	12	41.71
	2	17	38.47		2	17	28.29
	3	14	34		3	14	28.11
	4	8	34.38		4	8	38.69
	5	12	21.92		5	12	27.63
组织目标清晰度	1	12	29.67	团队学习行为	1	12	29.79
	2	17	37.06		2	17	25.26
	3	14	32.18		3	14	30.93
	4	8	33.69		4	8	43.75
	5	12	25.83		5	12	37.17
团队知识获取	1	12	33.08	团队创新绩效	1	12	35.33
	2	17	35.59		2	17	31.88
	3	14	33.11		3	14	29.43
	4	8	30.56		4	8	35.38
	5	12	25.5		5	12	29.58

表 5-3 性别比例 Kruskal-Wallis H 检验

原假设	显著性	决策
在性别比例的类别中，谦卑型领导的分布相同	0.013	拒绝原假设
在性别比例的类别中，组织目标清晰度的分布相同	0.571	保留原假设
在性别比例的类别中，团队知识获取的分布相同	0.676	保留原假设
在性别比例的类别中，团队知识分享的分布相同	0.148	保留原假设
在性别比例的类别中，团队学习行为的分布相同	0.047	拒绝原假设
在性别比例的类别中，团队创新绩效的分布相同	0.882	保留原假设

由表5-3可知，在不同性别比例下，知识获取、组织目标清晰度、团队创新绩效等变量差异检验均没通过，说明各变量在不同性别比例下都没有显著差异。但是谦卑型领导、团队学习行为、知识分享在不同性别比例下却有不同的分布。具体不同性别比例程度下的显著谦卑型领导分布差异变量的分布如图5-1所示。

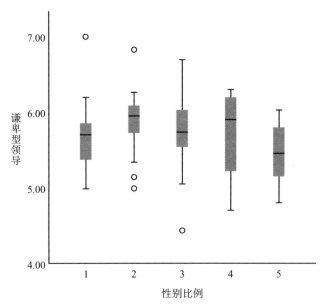

图5-1　不同性别比例下谦卑型领导的分布

由该图可知，性别比例越高，谦卑型领导的程度越低。然后进行成对比较，比较结果如表5-4所示。

表5-4　　　　　　　性别比例下谦卑型领导的成对比较

样本1—样本2	检验统计	标准误差	标准检验统计	显著性	Adj. 显著性[a]
1-3	-5.248	7.192	-1.459	0.946	1
1-2	-5.168	7.634	-0.438	0.954	1
1-4	-5.253	7.311	-0.228	0.062	0.039

续表

样本 1—样本 2	检验统计	标准误差	标准检验统计	显著性	Adj. 显著性[a]
1 – 5	– 17. 613	7. 376	– 2. 148	0. 001	0. 014
3 – 2	1. 171	7. 469	0. 423	0. 983	1
3 – 4	– 1. 115	6. 959	– 0. 123	0. 886	1
3 – 5	– 8. 265	7. 092	– 2. 921	0. 904	1
2 – 4	– 1. 825	7. 562	– 0. 111	0. 912	1
2 – 5	– 10. 465	7. 674	– 1. 229	0. 908	1
4 – 5	– 16. 565	7. 831	– 1. 471	0. 908	1

注：每行都检验"样本 1 与样本 2 的分布相同"这一原假设。显示了渐进显著性（双侧检验）。显著性水平为 0.05。

a. 已针对多项检验通过 Bonferroni 校正法调整显著性值。

由成对比较可知，男女比例较低的团队中，其谦卑型领导的程度就越高；男女比例越高的团队，其谦卑型领导的程度就越低。最明显的差异是性别比例为 1 比 4 与 1 比 5 时。具体不同性别比例程度下的显著团队学习行为分布差异变量的分布如图 5 – 2 所示。

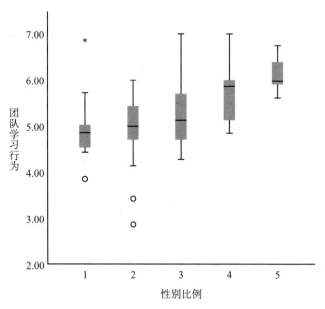

图 5 – 2　不同性别比例下团队学习行为的分布

由图 5 - 2 可知，男女性别比例越高，其团队的学习行为的分布呈现上升趋势，以下进行成对比较，比较结果如表 5 - 5 所示。结果显示，性别比例较低时的团队学习行为分布与性别比例较高时学习行为分布差异十分显著，具体体现在 1 - 4、1 - 5 与 2 - 5 时。

表5 - 5　　　　　　　　性别比例下团队学习行为的成对比较

样本 1—样本 2	检验统计	标准误差	标准检验统计	显著性	Adj. 显著性[a]
1 - 3	2.135	5.87	- 0.337	0.646	1
1 - 2	2.305	6.422	- 0.326	0.654	1
1 - 4	3.13	6.109	- 0.458	0.022	0.012
1 - 5	22.71	6.254	- 3.066	0.001	0.023
3 - 2	- 1.293	6.047	0.099	0.683	1
3 - 4	- 0.128	5.717	- 0.021	0.926	1
3 - 5	17.442	5.87	- 2.779	0.714	1
2 - 4	- 0.298	6.28	0.012	0.954	1
2 - 5	19.282	6.422	- 2.547	0.038	0.045
4 - 5	18.457	6.109	- 2.549	0.708	1

注：每行都检验"样本 1 与样本 2 的分布相同"这一原假设。显示了渐进显著性（双侧检验）。显著性水平为 0.05。

a. 已针对多项检验通过 Bonferroni 校正法调整显著性值。

二、团队成员平均年龄差异分析

首先进行秩和检验，检验配对的试验数据所在总体的分布位置有无显著差异，结果如表 5 - 6 所示。

表 5 – 6　　　　　　　　　　平均年龄频率及秩平均值

变量	平均年龄（岁）	频率	秩平均值	变量	平均年龄（岁）	频率	秩平均值
谦卑型领导	1	12	43.83	团队知识分享	1	12	36.17
	2	12	29.21		2	12	33.08
	3	14	31.89		3	14	33.25
	4	12	28.33		4	12	28.75
	5	13	27.15		5	13	28.81
组织目标清晰度	1	12	33.96	团队学习行为	1	12	36.67
	2	12	35.5		2	12	32.33
	3	14	33.86		3	14	30.93
	4	12	30.42		4	12	27.63
	5	13	26.42		5	13	32.58
团队知识获取	1	12	35.17	团队创新绩效	1	12	32.5
	2	12	33.58		2	12	39.46
	3	14	33.36		3	14	30.43
	4	12	31.67		4	12	20.38
	5	13	26.46		5	13	37.08

从表 5 – 6，不同平均年龄下谦卑型领导、组织目标清晰度、团队知识获取、团队知识分享、团队学习行为、团队创新绩效等变量的占比数量，以及秩次平均值可知，以上秩次平均值相差均不大，以下进行 Kruskal – Wallis H 检验，检验结果如表 5 – 7 所示。

表 5 – 7　　　　　　　平均年龄 Kruskal – Wallis H 检验

原假设	显著性	决策
在平均年龄的类别中，谦卑型领导的分布相同	0.154	保留原假设
在平均年龄的类别中，组织目标清晰度的分布相同	0.733	保留原假设
在平均年龄的类别中，团队知识获取的分布相同	0.785	保留原假设

原假设	显著性	决策
在平均年龄的类别中,团队知识分享的分布相同	0.820	保留原假设
在平均年龄的类别中,团队学习行为的分布相同	0.821	保留原假设
在平均年龄的类别中,团队创新绩效的分布相同	0.039	拒绝原假设

由表5-7可知,在不同平均年龄下,谦卑型领导、组织目标清晰度、团队知识获取、团队知识分享、团队学习行为等变量都没有显著差异。但在不同平均年龄程度下,团队创新绩效有明显的分布差异。

具体不同性别比例程度下的显著团队创新绩效分布差异变量的分布如图5-3所示。

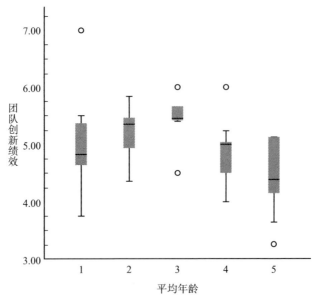

图5-3 不同平均年龄下团队创新绩效的分布

由图5-3可知,平均年龄较大时,团队创新绩效分布处于较低水平。平均年龄程度在中等水平时,团队创新绩效分布处于较高水平,以下进行成对比较。结果如表5-8所示。结果显示,平均年龄在1-3与

3－5 时，其创新绩效分布差异显著。

表 5 － 8 平均年龄下团队创新绩效的成对比较

样本 1—样本 2	检验统计	标准误差	标准检验统计	显著性	Adj. 显著性[a]
1－3	1.012	4.648	－0.215	0.034	0.032
1－2	1.182	5.2	－0.204	0.254	1
1－4	2.007	4.887	－0.336	0.362	1
1－5	21.587	5.032	－2.944	0.881	1
3－2	－2.416	4.825	0.221	0.283	1
3－4	－1.251	4.495	0.101	0.786	1
3－5	16.319	4.648	－2.657	0.024	0.012
2－4	－1.421	5.058	0.134	0.922	1
2－5	18.159	5.2	－2.425	0.818	1
4－5	17.334	4.887	－2.427	0.908	1

注：每行都检验"样本 1 与样本 2 的分布相同"这一原假设。显示了渐进显著性（双侧检验）。显著性水平为 0.05。

a. 已针对多项检验通过 Bonferroni 校正法调整显著性值。

三、团队成员平均教育程度差异分析

首先进行秩和检验，检验配对的试验数据所在总体的分布位置有无显著差异，结果如表 5－9 所示。

表 5 － 9 平均教育程度频率及秩平均值

变量	平均教育程度	频率	秩平均值	变量	平均教育程度	频率	秩平均值
谦卑型领导	1	11	27.45	团队知识分享	1	11	34.68
	2	7	26.71		2	7	24.29
	3	18	31.67		3	18	29.33
	4	17	34.91		4	17	34.41
	5	10	36.35		5	10	35.15

续表

变量	平均教育程度	频率	秩平均值	变量	平均教育程度	频率	秩平均值
组织目标清晰度	1	11	30.59	团队学习行为	1	11	36
	2	7	30.43		2	7	35.07
	3	18	33.17		3	18	30.83
	4	17	32.32		4	17	33.29
	5	10	32		5	10	25.35
团队知识获取	1	11	28.45	团队创新绩效	1	11	27.59
	2	7	36.21		2	7	25.64
	3	18	33.78		3	18	34.83
	4	17	33.76		4	17	31.68
	5	10	26.75		5	10	36.75

从表 5-9 不同平均年龄下谦卑型领导、组织目标清晰度、团队知识获取、团队知识分享、团队学习行为、团队创新绩效等变量的占比数量，以及秩次平均值可知，以上秩次平均值相差均不大。接下来进行 Kruskal - Wallis H 检验，检验结果如表 5-10 所示。

表 5-10　　　　　平均教育程度 Kruskal - Wallis H 检验

原假设	显著性	决策
在平均教育程度的类别中，谦卑型领导的分布相同	0.689	保留原假设
在平均教育程度的类别中，组织目标清晰度的分布相同	0.996	保留原假设
在平均教育程度的类别中，团队知识获取的分布相同	0.745	保留原假设
在平均教育程度的类别中，团队知识分享的分布相同	0.043	拒绝原假设
在平均教育程度的类别中，团队学习行为的分布相同	0.698	保留原假设
在平均教育程度的类别中，团队创新绩效的分布相同	0.021	拒绝原假设

由表 5-10 可知，在不同平均教育程度下，谦卑型领导、团队知识

获取、组织目标清晰度、团队学习行为等变量差异检验均没通过，说明各变量在不同平均教育程度下都没有显著差异。但是，不同平均教育程度下团队知识分享与团队创新绩效的分布明显不同。

不同平均教育程度下知识分享与团队创新绩效的分布如图5-4所示。

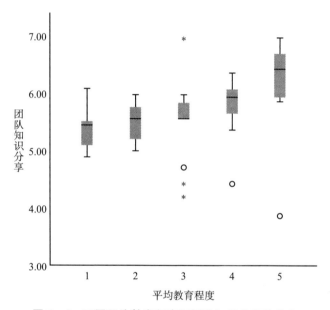

图5-4 不同平均教育程度下团队知识分享的分布

由该图可知，教育程度越高，团队知识分享程度就越高。接下来进行成对比较，结果如表5-11所示。结果显示，平均教育程度在1-4与1-5时，其团队知识分享的分布具有明显差异。

表5-11 平均教育程度下团队知识分享的成对比较

样本1—样本2	检验统计	标准误差	标准检验统计	显著性	Adj. 显著性[a]
1-3	1.012	4.648	-0.215	0.336	1
1-2	1.182	5.2	-0.204	0.424	1
1-4	2.007	4.887	-0.336	0.012	0.039

样本1—样本2	检验统计	标准误差	标准检验统计	显著性	Adj. 显著性[a]
1 – 5	21. 587	5. 032	– 2. 944	0. 021	0. 014
3 – 2	– 2. 416	4. 825	0. 221	0. 683	1
3 – 4	– 1. 251	4. 495	0. 101	0. 686	1
3 – 5	16. 319	4. 648	– 2. 657	0. 134	1
2 – 4	– 1. 421	5. 058	0. 134	0. 452	1
2 – 5	18. 159	5. 2	– 2. 425	0. 558	1
4 – 5	17. 334	4. 887	– 2. 427	0. 768	1

注：每行都检验"样本1与样本2的分布相同"这一原假设。显示了渐进显著性（双侧检验）。显著性水平为0.05。

a. 已针对多项检验通过 Bonferroni 校正法调整显著性值。

图5 – 5为不同平均教育程度下，团队创新绩效的分布图。分布图显示，平均受教育程度越高，团队创新绩效越高。

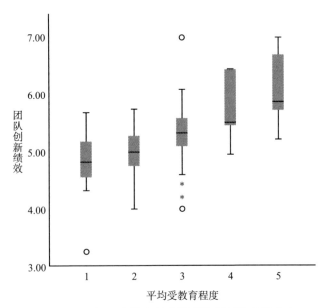

图5 – 5 不同平均教育程度下团队创新绩效的分布

以下进行成对比较，结果如表 5 – 12 所示，成对比较结果显示，平均受教育程度在 1 – 5 与 2 – 5 时，其团队创新绩效分布有显著差异。

表 5 – 12　　　　平均教育程度下团队创新绩效的成对比较

样本 1—样本 2	检验统计	标准误差	标准检验统计	显著性	Adj. 显著性[a]
1 – 3	– 0.111	3.426	– 0.093	0.876	1
1 – 2	0.059	3.978	– 0.082	0.754	1
1 – 4	0.884	3.665	– 0.214	0.762	1
1 – 5	20.464	3.81	– 2.822	0.001	0.014
3 – 2	– 3.539	3.603	0.343	0.283	1
3 – 4	– 2.374	3.273	0.223	0.806	1
3 – 5	15.196	3.426	– 2.535	0.704	1
2 – 4	– 2.544	3.836	0.256	0.712	1
2 – 5	17.036	3.978	– 2.303	0.008	0.034
4 – 5	16.211	3.665	– 2.305	0.890	1

注：每行都检验"样本 1 与样本 2 的分布相同"这一原假设。显示了渐进显著性（双侧检验）。显著性水平为 0.05。

a. 已针对多项检验通过 Bonferroni 校正法调整显著性值。

四、团队成员平均工龄差异分析

首先进行秩和检验，检验配对的试验数据所在总体的分布位置有无显著差异，检验结果如表 5 – 13 所示。

表 5 – 13　　　　　　　平均工龄频率及秩平均值

变量	平均工龄	频率	秩平均值	变量	平均工龄	频率	秩平均值
谦卑型领导	1	12	38.96	团队知识分享	1	12	41.75
	2	14	38.82		2	14	31.18
	3	10	25.2		3	10	29.75
	4	15	26.7		4	15	27.83
	5	12	29.38		5	12	30.29

续表

变量	平均工龄	频率	秩平均值	变量	平均工龄	频率	秩平均值
组织目标清晰度	1	12	27.75	团队学习行为	1	12	41.46
	2	14	33.82		2	14	28.93
	3	10	37.25		3	10	33.05
	4	15	33.4		4	15	29.17
	5	12	28		5	12	28.79
团队知识获取	1	12	37.08	团队创新绩效	1	12	36.88
	2	14	31.04		2	14	31.21
	3	10	36.3		3	10	33.75
	4	15	29.97		4	15	25.23
	5	12	27		5	12	35.04

从表 5-13 不同平均工龄下谦卑型领导、组织目标清晰度、团队知识获取、团队知识分享、团队学习行为、团队创新绩效等变量的占比数量，以及秩次平均值可知，以上秩次平均值相差均不大。接下来进行 Kruskal - Wallis H 检验，检验结果如表 5-14 所示。

表 5-14　　　　　　　　平均工龄 Kruskal - Wallis H 检验

原假设	显著性	决策
在平均工龄的类别中，谦卑型领导的分布相同	0.162	保留原假设
在平均工龄的类别中，组织目标清晰度的分布相同	0.687	保留原假设
在平均工龄的类别中，团队知识获取的分布相同	0.624	保留原假设
在平均工龄的类别中，团队知识分享的分布相同	0.034	拒绝原假设
在平均工龄的类别中，团队学习行为的分布相同	0.358	保留原假设
在平均工龄的类别中，团队创新绩效的分布相同	0.493	保留原假设

由表 5-14 可知，在不同平均年龄下，谦卑型领导、组织目标清晰

度、团队知识获取、团队学习行为、团队创新绩效等变量都没有显著差异，但是在不同平均工龄程度下团队知识分享的分布明显不同。不同平均工龄程度下团队知识分享的分布如图5－6所示。

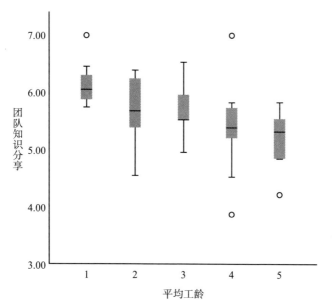

图5－6　不同平均工龄下团队知识分享的分布

图5－6显示，平均工龄越高，其团队知识分享的分布越处于较低水平。以下进行成对比较，比较结果如表5－15所示。结果显示，平均工龄在1－4时，其团队知识分享的分布有显著差异。

表5－15　　　　　平均教育程度下团队创新绩效的成对比较

样本1—样本2	检验统计	标准误差	标准检验统计	显著性	Adj. 显著性[a]
1－3	－0.111	3.426	－0.093	0.746	1
1－2	0.059	3.978	－0.082	0.754	1
1－4	0.884	3.665	－0.214	0.022	0.029
1－5	20.464	3.81	－2.822	0.001	1

样本1—样本2	检验统计	标准误差	标准检验统计	显著性	Adj. 显著性[a]
3 - 2	- 3.539	3.603	0.343	0.883	1
3 - 4	- 2.374	3.273	0.223	0.816	1
3 - 5	15.196	3.426	- 2.535	0.304	1
2 - 4	- 2.544	3.836	0.256	0.112	1
2 - 5	17.036	3.978	- 2.303	0.506	1
4 - 5	16.211	3.665	- 2.305	0.777	1

注：每行都检验"样本1与样本2的分布相同"这一原假设。显示了渐进显著性（双侧检验）。显著性水平为0.05。

a. 已针对多项检验通过 Bonferroni 校正法调整显著性值。

五、团队成员交换差异分析

首先进行秩和检验，检验配对的试验数据所在总体的分布位置有无显著差异，检验结果如表5-16所示。

表 5-16 　　　　　　　　　成员交换频率及秩平均值

变量	成员交换	频率	秩平均值	变量	成员交换	频率	秩平均值
谦卑型领导	1	12	19	团队知识分享	1	12	26.29
	2	11	34.09		2	11	32.95
	3	15	33.6		3	15	26.7
	4	13	35.35		4	13	38.62
	5	12	37.46		5	12	36.29
组织目标清晰度	1	12	25.21	团队学习行为	1	12	21.63
	2	11	28.64		2	11	37.5
	3	15	28.47		3	15	32.43
	4	13	29.46		4	13	28.42
	5	12	49.04		5	12	40.67

续表

变量	成员交换	频率	秩平均值	变量	成员交换	频率	秩平均值
团队知识获取	1	12	20.88	团队创新绩效	1	12	24.04
	2	11	41.09		2	11	30.95
	3	15	33.8		3	15	30.63
	4	13	30.96		4	13	33.96
	5	12	33.67		5	12	40.5

从表5－16，不同成员交换下谦卑型领导、组织目标清晰度、团队知识获取、团队知识分享、团队学习行为、团队创新绩效等变量的占比数量，以及秩次平均值可知，以上秩次平均值相差均不大。接下来进行Kruskal－Wallis H检验，检验结果如表5－17所示。

表5－17 成员占比 Kruskal－Wallis H 检验

原假设	显著性	决策
在成员交换的类别中，谦卑型领导的分布相同	0.099	保留原假设
在成员交换的类别中，组织目标清晰度的分布相同	0.01	拒绝原假设
在成员交换的类别中，团队知识获取的分布相同	0.112	保留原假设
在成员交换的类别中，团队知识分享的分布相同	0.295	保留原假设
在成员交换的类别中，团队学习行为的分布相同	0.089	保留原假设
在成员交换的类别中，团队创新绩效的分布相同	0.267	保留原假设

由表5－17可知，在不同平均年龄下，谦卑型领导、团队知识获取、团队知识分享、团队学习行为、团队创新绩效等变量都没有显著差异。但是，在不同成员交换程度下，组织目标情晰度有着显著的差别（p－value＝0.01＜0.05）。分布差异如图5－7所示。

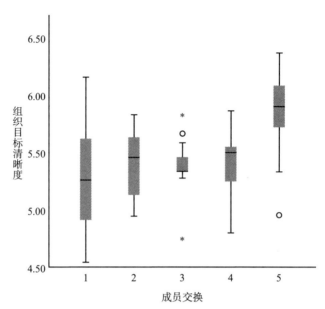

图 5 - 7　不同成员交换程度下组织目标情绪度范围

图 5 - 7 可知，成员交换程度越高，组织目标清晰度的分布就处于较高水平。成对比较如表 5 - 18 所示。

表 5 - 18　　　　　　　　　　　成员交换的成对比较

样本 1—样本 2	检验统计	标准误差	标准检验统计	显著性	Adj. 显著性[a]
1 - 3	- 3. 258	7. 092	- 0. 459	0. 646	1
1 - 2	- 3. 428	7. 644	- 0. 448	0. 654	1
1 - 4	- 4. 253	7. 331	- 0. 58	0. 562	1
1 - 5	- 23. 833	7. 476	- 3. 188	0. 001	0. 014
3 - 2	0. 17	7. 269	0. 023	0. 981	1
3 - 4	- 0. 995	6. 939	- 0. 143	0. 886	1
3 - 5	- 20. 575	7. 092	- 2. 901	0. 004	0. 037
2 - 4	- 0. 825	7. 502	- 0. 11	0. 912	1

样本 1—样本 2	检验统计	标准误差	标准检验统计	显著性	Adj. 显著性[a]
2 – 5	– 20.405	7.644	– 2.669	0.008	0.076
4 – 5	– 19.58	7.331	– 2.671	0.008	0.076

注：每行都检验"样本 1 与样本 2 的分布相同"这一原假设。显示了渐进显著性（双侧检验）。显著性水平为 0.05。

a. 已针对多项检验通过 Bonferroni 校正法调整显著性值。

成对比较显示，成员交换在 1 与 5 以及 3 与 5 等程度比较下，组织目标情绪度明显有差异，具体来说，成员交换程度越高，其组织目标越为清晰。

六、差异分析总结

由上述差异分析可知，部分维度在不同特征程度下有着不同的分布状态，总结如表 5 – 19 所示。可以看出，谦卑型领导、团队知识获取、团队知识分享、团队学习行为、团队创新绩效、组织目标清晰度在性别比例、平均年龄、受教育程度、平均工龄、成员交换等均存在不同程度的差异，因此，性别比例、平均年龄、受教育程度、平均工龄、成员交换将作为的控制变量。

表 5 – 19　　　　　　　　　　　差异分析总结

维度变量	性别比例	平均年龄	教育程度	平均工龄	成员交换
谦卑型领导	○				
团队知识获取					
团队知识分享			○	○	
团队学习行为	○				
团队创新绩效		○	○		
组织目标清晰度					○

注："○"表示在此维度上存在显著差异。

本 章 小 结

本章是实证研究的设计环节，主要介绍了以下几个方面的内容：一是介绍本研究调查对象的来源、整个调查的流程，以及调查数据的回收情况；二是分别介绍了谦卑型领导、团队知识获取、团队知识分享、团队学习行为、团队创新绩效、组织目标清晰度的测量量表来源，以及本研究所选取的控制变量；三是介绍本研究用于检验假设所采用的统计软件和具体的统计方法；四是介绍本研究将个体层面的变量即谦卑型领导和组织目标清晰度聚合到团队层面，以及聚合的可行性分析等；五是介绍本研究如何缓解可能产生的共同方法偏差，以及对本研究可能产生的共同方法偏差进行检验；六是对主要变量的人口统计学差异进行检验。

第六章　谦卑型领导与团队创新
绩效关系的实证分析

第一节　研究变量信效度与相关分析

一、谦卑型领导量表效度检验

我们采用探索性因子分析（EFA）和验证性因子分析（CFA）对谦卑型领导量表的效度进行检验。探索性因子分析是在未知项目之间关联的情况下，确定提取因素的项目数量以及提取因素与各项目之间的关联程度，主要用于探索项目之间的基本结构、项目数量的简化和测量表的发展等方面。与探索性因子分析相反，验证性因子分析是在一定理论框架的基础上，检测因子与测量项目之间的对应关系是否符合研究者的理论预想。

（一）谦卑型领导探索性因子分析

如前所述，谦卑型领导量表中的项目是根据已有学者的研究选择的。为了确保使用正确的项目，对测量谦卑型领导的九个项目进行了探索性因子分析（EFA）。在进行探索性因子分析之前，首先通过测量 Kaiser – Meyer – Olkin （KMO）值和 Bartlett 球形检验值来评估数据的充分性。如

表 6 - 1 所示，谦卑型领导量表检测到的 KMO 值为 0.893，超过了 0.6 的建议值；Bartlett 球度检验值为 1 485.557 （$P = 0.000$），达到了探索性因子分析所需的标准（$P < 0.05$），表明本数据是充分的，可以进一步进行探索性因子分析。

表 6 - 1   KMO 和 Bartlett 球形检验

项目		结果
取样充足度的 KMO 度量		0.893
Bartlett's 球形检验	近似卡方	1 485.557
	Df	36
	Sig.	.000

采用正交旋转法（Varimax）进行探索性因子分析，因为该方法最大限度地减少了一个因子上高负荷变量的数量，从而提高了因子的可解释性。然后使用 Kaiser 标准，提取特征值大于 1 的所有因素。结果如表 6 - 2 所示，得到三维结构模型，谦卑型领导量表的三个维度的累计解释变异量为 75.62%，其中清晰的自我意识、欣赏他人成就、在可教性上率身垂范的解释变异量分别为 27.04%、25.32% 和 23.26%，特征值分别为 5.32、3.78 和 2.34，三个因素的载荷量均在 0.5 以上（如表 6 - 2 和表 6 - 3 所示），数据表明这三个因素结构的谦卑型领导量表的建构效度良好。

表 6 - 2   因子解释原有变量总方差的情况

因子	起始特征值			提取的因子累计载荷量			逆转后的因子载荷量		
	特征值	贡献率	累计贡献率	特征值	贡献率	累计贡献率	特征值	贡献率	累计贡献率
1	7.32	30.95	30.95	7.32	30.95	30.95	5.32	27.04	27.04
2	4.63	22.47	53.42	4.63	22.47	53.42	3.78	25.32	52.36

续表

因子	起始特征值			提取的因子累计载荷量			逆转后的因子载荷量		
	特征值	贡献率	累计贡献率	特征值	贡献率	累计贡献率	特征值	贡献率	累计贡献率
3	1.15	22.20	75.62	1.15	22.20	75.62	2.34	23.26	75.62
4	0.93	5.83	81.45						
5	0.74	5.50	86.95						
6	0.66	4.22	91.17						
7	0.53	3.74	94.91						
8	0.28	3.19	98.10						
9	0.17	1.90	100.00						

表 6-3 　　　　　　　　　　谦卑型领导旋转成分矩阵

项目名称	成分		
	1	2	3
清晰的自我意识1	0.83		
清晰的自我意识2	0.74		
清晰的自我意识3	0.62		
彰显他人榜样作用1		0.82	
彰显他人榜样作用2		0.73	
彰显他人榜样作用3		0.56	
可教性上率身垂范1			0.84
可教性上率身垂范2			0.76
可教性上率身垂范3			0.57

提取方法：主成分。

旋转法：具有 Kaiser 标准化的正交旋转法。旋转在 6 次迭代后收敛。

（二）谦卑型领导量表验证性因子分析

前文的探索性因子分析已经确定谦卑型领导量表具有三个维度，接下来使用另一半数据（154 个有效样本），采用 AMOS 21.0 软件对探索性因子分析的结果进行验证，并选取了单因子模型、二因子模型与三因子模型进行比较。

1. 单因子模型

本研究假定谦卑型领导的九个项目拥有共同潜变量，据此构建了单因子模型，其标准化解如图 6 - 1 所示。该模型拟合指标为 $\chi^2/df = 4.30$，RESEA $= 0.12$，CFI $= 0.81$，TLI $= 0.79$。

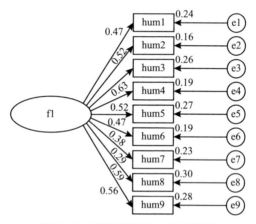

图 6 - 1　谦卑型领导一因子模型

2. 二因子模型

将清晰的自我意识和欣赏他人的成就两个因子作为一个维度 f1，将可教性上率身垂范作为一个维度 f2，得到谦卑型领导二因子模型，其标准化解如图 6 - 2 所示。该模型拟合指标为 $\chi^2/df = 3.15$，RESEA $= 0.08$，CFI $= 0.87$，TLI $= 0.85$。

3. 三因子模型

将清晰的自我意识作为维度 f1、欣赏他人的成就作为维度 f2、可教性上率身垂范作为维度 f3，得到谦卑型领导三因子模型，其标准化解如图 6 - 3 所示。可以看出，大部分的路径系数都大于 0.5，基本满足要求。该模型拟合指标为 $\chi^2/df = 2.60$（<3），RESEA $= 0.05$（< 0.08），

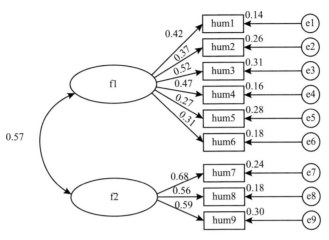

图 6 - 2   谦卑型领导二因子模型

CFI = 0.94（＞0.9），TLI = 0.90（＞0.9），表明验证性因子分析的结果较好，具有很好的拟合效度。

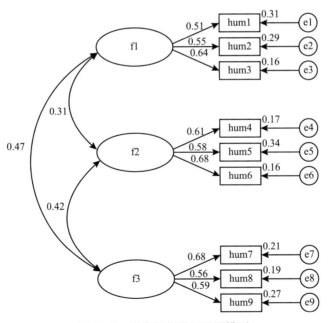

图 6 - 3   谦卑型领导三因子模型

谦卑型领导的三因子模型与两个竞争模型相比较的拟合指数结果见表6－4。从表中可以看出，与其他竞争模型相比，三因子模型拟合最为理想，表明谦卑型领导量表三维度模型与本研究的数据拟合较好，谦卑型领导三维度结构的合理性得到进一步的验证和解释。

表6－4 谦卑型领导内容结构竞争模型拟合指标比较

模型	χ^2/df	RESEA	CFI	TLI
一因子模型（清晰的自我评价＋彰显他人榜样作用＋可教性上率先垂范）	4.3	0.12	0.81	0.79
二因子模型（清晰的自我评价＋彰显他人榜样作用、可教性上率身垂范）	3.15	0.08	0.87	0.85
三因子模型（清晰的自我评价、彰显他人榜样作用、可教性上率身垂范）	2.60	0.05	0.94	0.90
判断标准	<3	<0.08	>0.9	>0.9

二、各量表信度分析

根据马尔霍特拉和伯克斯（Malhotra & Birks，2006）的做法，信度指的是如果测量过程被重复，测量结果再现一致性的程度。在定量研究中，重要的是要有一个高度的可靠性以确保测试结果可以重复出现。这是因为情绪、压力水平等影响因素可能会影响被调查者的回答，因此他们在重复作答时的结果可能不同。本研究采用内部一致性系数 Cronbach's α 来测量各变量的可靠性。如表6－5所示，谦卑型领导的内部一致性系数为0.954，团队知识获取的内部一致性系数为0.851，团队知识分享的内部一致性系数为0.903，团队学习行为的内部一致性系数为0.754，团队创新绩效的内部一致性系数为0.886，组织目标清晰化的内部一致性系数为0.918，各量表的内部一致性系数均达到了可接受的水平（大于0.7）。

表 6 - 5   量表的信度分析

构念	测试条目	Cronbach's
谦卑领导	9	0.954
团队知识获取	4	0.851
团队知识分享	7	0.903
团队学习行为	7	0.754
团队创新绩效	4	0.886
组织目标清晰化	4	0.918

三、研究模型的效度分析

采用验证性因素分析（CFA）检验测量变量之间的区分效度，比较不同因子解的模型并确定哪个模型最适合数据。采用以下拟合指数来评估不同模型：χ^2/df（值小于 3 表示良好拟合）、比较拟合指数（CFI，其中值小于 0.90 表示良好拟合）、Tucker - Lewis 指数（TLI，其中值大于 0.90 表示良好拟合）和均方根误差近似（RMSEA，其中值大于 0.08 表示良好拟合）。各拟合模型检验结果如表 6 - 6 所示。

表 6 - 6   拟合模型检验结果

模型	χ^2/df	RESEA	CFI	TLI
一因子模型 （谦卑型领导 + 知识获得 + 知识分享 + 学习行为 + 组织目标清晰度 + 创新绩效）	3.921	0.201	0.298	0.294
二因子模型 （谦卑型领导、知识获得 + 知识分享 + 学习行为 + 组织目标清晰度 + 创新绩效）	3.315	0.192	0.348	0.302
三因子模型 （谦卑型领导、知识获得 + 知识分享 + 学习行为组织目标清晰度、创新绩效）	3.411	0.196	0.609	0.550

模型	χ^2/df	RESEA	CFI	TLI
四因子模型 （谦卑型领导、知识获得 + 知识分享、学习行为 + 组织目标清晰度、创新绩效）	3. 263	0. 190	0. 640	0. 577
五因子模型 （谦卑型领导、知识获得 + 知识分享、学习行为、组织目标清晰度、创新绩效）	3. 303	0. 191	0. 643	0. 570
六因子模型 （谦卑型领导、知识获得、知识分享、学习行为、创新绩效）	1. 323	0. 072	0. 953	0. 940
判断标准	< 3	< 0. 08	> 0. 9	> 0. 9

注："+"表示把两个因素合并为一个因素。

由该表可知，通过辨识度检验发现，六因子测量模型（谦卑型领导、团队知识获得、团队知识分享、团队学习行为、组织目标清晰度、创新绩效）拟合值较优，其拟合参数 $\chi^2/df = 1.323$（<3），RESEA $= 0.072$（<0.08），CFI $= 0.953$（>0.9），TLI $= 0.940$（>0.9）各项拟合指标均达到拟合标准，表明几个测量构念的区分效度较好。因此，本研究的模型设计合理性得到了进一步验证。

四、变量的相关性分析

相关分析通常用于回归分析之前，用于确定研究变量之间是否具有某种依存关系以及这种关系的紧密程度。当相关系数大于 0.7 时，表明两个变量之间高度相关；当相关系数介于 0.4 ~ 0.7 时，两个变量之间中度相关；当两个变量的相关系数小于 0.4 时，表明两个变量之间呈现低度相关。本研究使用 Pearson 相关分析法对六个变量之间的相关性进行分析，所研究变量的均值、标准差和相关系数如表 6 - 7 所示。

表6-7			变量描述性统计与相关系数矩阵					
变量	均值	标准差	1	2	3	4	5	6
1. 谦卑型领导	5.72	0.51	1					
2. 团队知识获取	5.44	0.83	0.425**	1				
3. 团队知识分享	5.65	0.67	0.360**	0.293*	1			
4. 团队学习行为	5.22	0.73	0.347**	0.431**	0.530**	1		
5. 团队创新绩效	5.20	0.65	0.384**	0.250*	0.580**	0.587**	1	
6. 组织目标清晰化	5.46	0.38	0.055	0.134	-0.072	-0.114	0.085	1

注：$N=64$；$\#p<0.1$，$*p<0.05$，$**p<0.01$，$***p<0.001$。

由表6-7可知：（1）谦卑型领导与团队知识获取和团队知识分享在0.01水平上显著正相关，且相关系数分别为0.425和0.360（$p<0.01$），团队知识获取和团队知识分享与团队学习行为同样在0.01水平上显著正相关，相关系数分别为0.431和0.530（$p<0.01$）；谦卑型领导与团队学习行为和团队创新绩效在0.01水平上显著正相关，相关系数分别为0.347和0.384（$p<0.01$）。（2）团队学习行为与团队创新绩效在0.01水平上显著正相关，系数为0.587（$p<0.01$）；团队知识分享与团队创新绩效在0.01水平上显著正相关，系数为0.580（$p<0.01$）。（3）谦卑型领导与组织目标清晰化不相关（$p>0.1$）。

第二节　谦卑型领导对团队创新绩效作用机制分析

一、谦卑型领导对团队创新绩效的直接效应检验

通过对样本数据进行的描述性统计分析，发现本研究所收集的数据符合回归分析的条件。为了进一步验证谦卑型领导与团队知识获取、团

队知识分享、团队学习行为以及团队创新绩效之间的关系，本研究采用分层回归的方法，验证所提出的直接效应（见表6-8）。

表6-8　　　　　　　　　　　　　直接效应回归结果

因变量	团队创新绩效		团队知识获取	团队知识分享	团队学习行为	
	模型1	模型2	模型3	模型4	模型5	模型6
团队成员性别比例	-0.072 (-0.566)	-0.212 (-1.907)	-0.101 (-0.294)	-0.189 (-0.649)	0.643* (2.192)	0.695* (2.436)
团队成员平均年龄	-0.104 (-0.762)	-0.093 (-0.800)	-0.005 (-0.233)	-0.012 (-0.672)	-0.005 (-0.291)	-0.002 (-0.128)
团队成员平均受教育程度	0.215 (1.762)	0.222** (2.190)	-0.481* (-2.088)	0.139 (0.710)	0.228 (1.159)	-0.007 (-0.038)
团队成员平均工龄	0.012 (0.091)	0.079 (0.702)	-0.042 (-1.657)	-0.025 (-1.143)	-0.012 (-0.529)	-0.016 (-0.746)
团队工作类型1	0.161 (1.004)	0.136 (0.995)	0.177 (0.607)	0.150 (0.606)	0.030 (0.119)	0.017 (0.070)
团队工作类型2	-0.096 (-0.643)	-0.007 (-0.052)	-0.005 (-0.019)	-0.114 (-0.514)	-0.128 (-0.575)	-0.064 (-0.298)
团队工作类型3	-0.127 (-0.906)	-0.014 (-0.114)	0.313 (1.049)	-0.335 (-1.322)	-0.486# (-1.896)	-0.201 (-0.798)
团队领导成员交换	0.285** (2.214)	0.230** (2.147)	0.254 (1.023)	0.156 (1.173)	-0.372 (0.837)	-0.351 (-0.283)
团队成员交换强度	0.148 (0.381)	0.153 (1.121)	0.382 (1.173)	0.351 (1.271)	0.433 (1.544)	0.388 (1.419)
谦卑领导	0.258# (1.950)		0.714*** (3.572)	0.371* (2.182)		
团队知识获取					0.370*** (3.507)	
团队知识分享						0.522*** (4.062)

续表

因变量	团队创新绩效		团队知识获取	团队知识分享	团队学习行为	
	模型 1	模型 2	模型 3	模型 4	模型 5	模型 6
团队学习行为		0.558 *** (5.038)				
R^2	0.301	0.493	0.334	0.269	0.366	0.404
F	2.535	5.734	2.957	2.171	3.400	3.998

注：括号内为 t 值；$\#p < 0.1$，$*p < 0.05$，$**p < 0.01$，$***p < 0.001$。

首先，利用谦卑型领导对团队创新绩效进行回归，构建谦卑型领导与团队创新绩效的回归模型（模型 1），在控制了团队层面特征变量，如团队成员性别比例、团队成员平均年龄、团队成员平均受教育程度、团队成员平均工龄、团队工作类型［1 = 生产制造，2 = 市场营销，3 = 研究开发，4 = 行政管理（参照类）］团队领导成员交换以及团队成员交换强度后，模型 1 结果显示谦卑型领导能够正向影响团队创新绩效（β = 0.258，$p < 0.1$），因此假设 H1 成立。

其次，利用谦卑型领导对团队知识获取进行回归，构建谦卑型领导与团队知识获取的回归模型（模型 3），在控制了团队层面特征变量，如团队成员性别比例、团队成员平均年龄、团队成员平均受教育程度、团队成员平均工龄、团队工作类型［1 = 生产制造，2 = 市场营销，3 = 研究开发，4 = 行政管理（参照类）］团队领导成员交换以及团队成员交换强度后，模型 3 结果显示谦卑型领导能够正向影响团队知识获取（β = 0.714，$p < 0.001$），因此假设 H2 成立。利用谦卑型领导对团队知识分享进行回归，构建谦卑型领导与团队知识分享的回归模型（模型 4），在控制了团队层面特征变量，如团队成员性别比例、团队成员平均年龄、团队成员平均受教育程度、团队成员平均工龄、团队工作类型［1 = 生产制造，2 = 市场营销，3 = 研究开发，4 = 行政管理（参照类）］团队领导成员交换以及团队成员交换强度后，模型 4 结果显示谦卑型领导显著影响团队知识分享（β = 0.371，$p < 0.05$），因此假设 H4 成立。

再次，分析团队知识获取对团队学习行为的影响，构建团队知识获取与团队学习行为的回归模型（模型5）。在控制了团队层面特征变量，如团队成员性别比例、团队成员平均年龄、团队成员平均受教育程度、团队成员平均工龄、团队工作类型 [1 = 生产制造，2 = 市场营销，3 = 研究开发，4 = 行政管理（参照类）] 团队领导成员交换以及团队成员交换强度后，模型5中团队知识获取能够正向影响团队学习行为（$\beta = 0.370$，$p < 0.001$），因此假设 H3 成立。接着，分析团队知识分享对团队学习行为的影响，构建团队知识分享与团队学习行为的回归模型（模型6）。在控制了团队层面特征变量，如团队成员性别比例、团队成员平均年龄、团队成员平均受教育程度、团队成员平均工龄、团队工作类型 [1 = 生产制造，2 = 市场营销，3 = 研究开发，4 = 行政管理（参照类）]、团队领导成员交换以及团队成员交换强度后，结果显示模型6中团队知识分享同样能够正向影响团队学习行为（$\beta = 0.522$，$p < 0.001$），因此假设 H5 也成立。

最后，分析团队学习行为对团队创新绩效的影响，构建团队学习行为与团队创新绩效的回归模型（模型2）。在控制了团队层面特征变量，如团队成员性别比例、团队成员平均年龄、团队成员平均受教育程度、团队成员平均工龄、团队工作类型 [1 = 生产制造，2 = 市场营销，3 = 研究开发，4 = 行政管理（参照类）] 团队领导成员交换以及团队成员交换强度后，模型2中团队学习行为能够正向影响团队创新绩效（$\beta = 0.558$，$p < 0.001$），因此假设 H6 成立。

因此，研究假设 H1、假设 H2、假设 H3、假设 H4、假设 H5 和假设 H6 均得到支持。

二、团队知识获取和团队知识分享的中介效果检验

为了进一步检验团队知识获取、团队知识分享和团队学习行为的中介效应，本节选择 Process 进行了 Bootstrap 检验，利用置信区间来分析中

介效果是否显著。本节在进行 Bootstrap 检验时，将团队的性别比例、团队平均年龄、团队平均学历、团队平均工龄、团队工作类型、平均团队成员交换以及团队成员交换强度作为控制变量。首先，采用 Process 中的第 4 个模型进行单一中介效果检验，重复取样 10 000 次。数据分析结果分别展现在表 6 – 9 的回归结果和表 6 – 11 的 Bootstrap 检验中。

表 6 – 9 中的模型 1 显示，在控制了团队层面特征变量，如团队成员性别比例、团队成员平均年龄、团队成员平均受教育程度、团队成员平均工龄、团队工作类型 [1 = 生产制造，2 = 市场营销，3 = 研究开发，4 = 行政管理（参照类）]、团队成员交换以及团队成员交换强度后，谦卑型领导显著影响团队知识获取（$\beta = 0.69$，$p < 0.01$）。

表 6 – 9 单一中介效应回归结果

因变量	团队知识获取	团队知识分享	团队学习行为	
模型	模型 1	模型 2	模型 3	模型 4
团队成员性别比例	– 0.14 (– 0.41)	– 0.24 (– 0.84)	0.61 * (2.08)	0.68 * (2.40)
团队成员平均年龄	– 0.01 (– 0.43)	– 0.01 (– 0.71)	– 0.00 (– 0.15)	0.00 (0.02)
团队成员平均受教育程度	– 0.47 # (– 1.99)	0.18 (0.92)	0.18 (0.88)	– 0.05 (– 0.25)
团队成员平均工龄	– 0.04 (– 1.61)	– 0.03 (– 1.36)	– 0.01 (– 0.61)	– 0.01 (– 0.60)
团队工作类型 1	0.16 (0.55)	0.14 (0.57)	0.03 (0.10)	0.01 (0.04)
团队工作类型 2	– 0.05 (– 0.20)	– 0.17 (– 0.77)	– 0.22 (– 0.99)	– 0.16 (– 0.73)
团队工作类型 3	0.28 (0.94)	– 0.37 (– 1.48)	– 0.49 # (– 1.92)	– 0.23 (– 0.93)
团队成员交换	0.34 (0.86)	0.42 (1.07)	0.24 (1.25)	0.36 (0.84)

续表

因变量	团队知识获取	团队知识分享	团队学习行为	
模型	模型1	模型2	模型3	模型4
团队成员交换强度	0.07 (0.23)	0.31 (1.24)	0.27 (1.11)	0.15 (0.63)
谦卑型领导	0.69 ** (3.23)	0.47 ** (3.04)	0.23 ** (3.15)	0.31 # (1.72)
团队知识获取			0.31 ** (2.68)	
团队知识分享				0.46 *** (3.51)
R^2	0.32	0.27	0.38	0.43
F	2.74	2.16	3.18	3.90

注：括号内为 t 值；$\#p < 0.1$，$*p < 0.05$，$**p < 0.01$，$***p < 0.001$。

模型 2 结果显示在控制了团队层面特征变量，如团队成员性别比例、团队成员平均年龄、团队成员平均受教育程度、团队成员平均工龄、团队工作类型 [1 = 生产制造，2 = 市场营销，3 = 研究开发，4 = 行政管理（参照类）]、团队成员交换以及团队成员交换强度后，谦卑型领导显著影响团队知识分享（$\beta = 0.47$，$p < 0.01$）。

在模型 1 中加入团队知识获取这一中介变量得到模型 3，在控制了团队层面特征变量，如团队成员性别比例、团队成员平均年龄、团队成员平均受教育程度、团队成员平均工龄、团队工作类型 [1 = 生产制造，2 = 市场营销，3 = 研究开发，4 = 行政管理（参照类）]、团队成员交换以及团队成员交换强度后，谦卑型领导对团队学习行为仍然具有显著的正向影响（$\beta = 0.23$，$p < 0.01$）。

同样，在模型 2 中加入团队知识分享这一中介变量得到模型 4，在控制了团队层面特征变量，如团队成员性别比例、团队成员平均年龄、团队成员平均受教育程度、团队成员平均工龄、团队工作类型 [1 = 生产制造，2 = 市场营销，3 = 研究开发，4 = 行政管理（参照类）]、团队成员交换以及团队成员交换强度后，谦卑型领导对团队学习行为仍然具有显著的正向影响（$\beta = 0.31$，$p < 0.1$）。

表6-11分析结果所示，谦卑型领导通过团队知识获取对团队学习行为的间接影响显著，系数为0.215，标准误为0.124，置信区间为[0.035，0.516]，不包含0，呈现显著效应，因此假设H7得到支持。同时，谦卑型领导通过团队知识分享对团队学习行为的间接影响显著，系数为0.238，标准误为0.115，置信区间为[0.048，0.509]不包含0，假设H8得到支持。

采用Process中的第6个模型来检验团队知识获取（团队知识分享）和团队学习行为的链式中介作用。检验结果展现在表6-10和表6-11中。

表6-10　　　　　　　　　　连续中介效应回归结果

因变量	团队知识获取	团队知识分享	团队学习行为		团队创新绩效	
模型	模型1	模型2	模型3	模型4	模型5	模型6
团队成员性别比例	-0.14 (-0.41)	-0.24 (-0.84)	0.61* (2.08)	0.68* (2.40)	-0.44# (-1.77)	-0.30 (-1.23)
团队成员平均年龄	-0.01 (-0.43)	-0.01 (-0.71)	-0.00 (-0.15)	0.00 (0.02)	-0.01 (-0.72)	-0.01 (-0.54)
团队成员平均受教育程度	-0.47# (-1.99)	0.18 (0.92)	0.18 (0.88)	-0.05 (-0.25)	0.30# (1.75)	0.27# (1.72)
团队成员平均工龄	-0.04 (-1.61)	-0.03 (-1.36)	-0.01 (-0.61)	-0.01 (-0.60)	0.01 (0.73)	0.02 (1.13)
团队工作类型1	0.16 (0.55)	0.14 (0.57)	0.03 (0.10)	0.01 (0.04)	0.20 (1.01)	0.17 (0.88)
团队工作类型2	-0.05 (-0.20)	-0.17 (-0.77)	-0.22 (-0.99)	-0.16 (-0.73)	-0.02 (-0.11)	-0.00 (-0.02)
团队工作类型3	0.28 (0.94)	-0.37 (-1.48)	-0.49# (-1.92)	-0.23 (-0.93)	-0.01 (-0.03)	0.03 (0.16)

续表

因变量	团队知识获取	团队知识分享	团队学习行为		团队创新绩效	
模型	模型 1	模型 2	模型 3	模型 4	模型 5	模型 6
团队成员交换	0.07 (0.23)	0.31 (1.24)	0.27 (1.11)	0.15 (0.63)	0.37[#] (1.84)	0.33 (1.67)
团队成员 交换强度	0.23 (0.57)	0.26 (1.13)	0.16 (0.93)	0.19 (0.42)	0.32 (1.02)	0.22 (1.12)
谦卑型领导	0.69** (3.23)	0.47** (3.04)	0.53 (1.15)	0.31[#] (1.72)	0.14 (0.87)	0.09 (0.62)
团队知识获取			0.31** (2.68)		−0.04 (−0.39)	
团队知识分享				0.46*** (3.51)		0.27* (2.28)
团队学习行为					0.49*** (4.36)	0.36** (3.25)
R^2	0.32	0.27	0.38	0.43	0.50	0.55
F	2.74	2.16	3.18	3.90	4.65	5.57

注：括号内为 t 值；#$p<0.1$，*$p<0.05$，**$p<0.01$，***$p<0.001$。

表 6－11　　　　　　　中介效应的 Bootstrap 检验

中介模型	β	Boot SE	95% 置信区间	
			下限	上限
谦卑型领导→团队知识获取→团队学习行为	0.215	0.124	0.035	0.516
谦卑型领导→团队知识分享→团队学习行为	0.238	0.115	0.048	0.509
谦卑型领导→团队知识获取→团队学习行为→团队 创新绩效	0.105	0.064	0.020	0.281
谦卑型领导→团队知识分享→团队学习行为→团队 创新绩效	0.076	0.052	0.011	0.236

在连续中介的回归结果中，模型 1 表明在控制了团队层面特征变量，
如团队成员性别比例、团队成员平均年龄、团队成员平均受教育程度、

团队成员平均工龄、团队工作类型 [1 = 生产制造，2 = 市场营销，3 = 研究开发，4 = 行政管理（参照类）]、团队成员交换后和团队成员交换强度，谦卑型领导对团队知识获取存在显著的效应（$\beta = 0.69$，$p < 0.01$）。

模型 2 结果显示在控制了团队层面特征变量，如团队成员性别比例、团队成员平均年龄、团队成员平均受教育程度、团队成员平均工龄、团队工作类型 [1 = 生产制造，2 = 市场营销，3 = 研究开发，4 = 行政管理（参照类）]、团队成员交换以及团队成员交换强度后，谦卑型领导显著影响团队知识分享（$\beta = 0.47$，$p < 0.01$）。

在模型 3 和模型 4 中加入团队知识获取（团队知识分享）后，在控制了团队层面特征变量，如团队成员性别比例、团队成员平均年龄、团队成员平均受教育程度、团队成员平均工龄、团队工作类型 [1 = 生产制造，2 = 市场营销，3 = 研究开发，4 = 行政管理（参照类）]、团队成员交换以及团队成员交换强度后，团队知识获取对团队学习行为具有显著的正向影响（$\beta = 0.31$，$p < 0.01$），团队知识分享对团队学习行为具有显著的正向影响（$\beta = 0.46$，$p < 0.001$）。

在模型 5 中放入团队知识获取和团队学习行为两个中介变量后，在控制了团队层面特征变量，如团队成员性别比例、团队成员平均年龄、团队成员平均受教育程度、团队成员平均工龄、团队工作类型 [1 = 生产制造，2 = 市场营销，3 = 研究开发，4 = 行政管理（参照类）]、团队成员交换以及团队成员交换强度后，团队学习行为对团队创新绩效具有显著正向影响（$\beta = 0.49$，$p < 0.001$）。

在模型 6 放入团队知识分享和团队学习行为两个中介变量后，在控制了团队层面特征变量，如团队成员性别比例、团队成员平均年龄、团队成员平均受教育程度、团队成员平均工龄、团队工作类型 [1 = 生产制造，2 = 市场营销，3 = 研究开发，4 = 行政管理（参照类）]、团队成员交换以及团队成员交换强度后，同样团队学习行为对团队创新绩效具有显著正向影响（$\beta = 0.36$，$p < 0.01$）。

在表 6 - 11 的 Bootstrap 检验结果中，谦卑型领导通过团队知识获取，进而通过团队学习行为对团队创新绩效的间接影响显著，系数为 0.105，标准误为 0.064，置信区间为 [0.020，0.281]，不包含 0，呈现显著结果，因此假设 H9 在 0.05 显著水平上得到支持。谦卑型领导通过团队知识分享对团队学习行为的间接影响显著，系数为 0.076，标准误为 0.052，置信区间为 [0.011，0.236]，不包含 0，假设 H10 得到支持。

三、组织目标清晰度的调节效应检验

为了检验组织目标清晰度调节效应，本研究首先进行了回归分析，分析结果呈现在表 6－12。对于表中交互项的处理，在构建乘积项之前需要先对两个变量进行中心化处理，研究中用这个变量中测量的每个数据点减去均值，使得新得到的数据样本均值为 0，以尽量降低变量的共线性。因此，本研究采取谦卑型领导、组织目标清晰度、团队知识获取、团队知识分享和团队成员交换关系中心化之后的数据，再进行两两相乘构建。通过回归观察交互项的系数是否显著来判断调节效应是否显著。

表 6－12　　　　　　　　　　　调节效应回归结果

因变量	团队知识获取	团队知识分享	团队学习行为	
模型	模型 1	模型 2	模型 3	模型 4
团队成员性别比例	－0.04 （－0.34）	－0.08 （－0.61）	0.27* （2.22）	0.30* （2.49）
团队成员平均年龄	－0.08 （－0.54）	－0.18 （－1.28）	－0.01 （－0.05）	0.01 （0.07）
团队成员平均受教育程度	－0.26* （－2.15）	0.10 （0.83）	0.12 （1.03）	－0.02 （－0.15）
团队成员平均工龄	－0.19 （－1.42）	－0.16 （－1.25）	－0.07 （－0.55）	－0.12 （－0.99）
团队工作类型 1	0.10 （0.59）	0.01 （0.06）	0.07 （0.44）	0.08 （0.51）

续表

因变量	团队知识获取	团队知识分享	团队学习行为	
模型	模型1	模型2	模型3	模型4
团队工作类型2	−0.02 (−0.13)	−0.10 (−0.66)	−0.06 (−0.42)	0.01 (0.06)
团队工作类型3	0.13 (0.94)	−0.19 (−1.38)	−0.23# (−1.75)	−0.04 (−0.26)
团队成员交换	−0.05 (−0.37)	0.24 (1.63)	0.17 (1.49)	0.11 (0.97)
团队成员交换强度			0.17 (1.53)	0.12 (1.11)
谦卑型领导	0.46*** (3.40)	0.21 (1.61)		
组织目标清晰度	0.12 (0.88)	−0.24# (−1.78)		
谦卑型领导 × 组织目标清晰度	0.13 (0.79)	0.37* (2.34)		
团队知识获取			0.36** (2.97)	
团队知识分享				0.44*** (3.73)
R^2	0.34	0.36	0.41	0.46
F	2.38	2.63	3.27	3.95

注：括号内为 t 值；$\#p < 0.1$，$*p < 0.05$，$**p < 0.01$，$***p < 0.001$。

表 6 – 12 中的模型 1 显示，在控制了团队层面特征变量，如团队成员性别比例、团队成员平均年龄、团队成员平均受教育程度、团队成员平均工龄、团队工作类型 [1 = 生产制造，2 = 市场营销，3 = 研究开发，4 = 行政管理（参照类）]、团队成员交换以及团队成员交换强度后，谦卑型领导 × 组织目标清晰度的系数为 0.13（$p > 0.05$），未达到 0.05 的显著水平，说明组织目标清晰在谦卑型领导和团队知识获取之间的调节

效应不成立，因此，假设 H11 不成立。

同样地，在控制了团队层面特征变量，如团队成员性别比例、团队成员平均年龄、团队成员平均受教育程度、团队成员平均工龄、团队工作类型 [1 = 生产制造，2 = 市场营销，3 = 研究开发，4 = 行政管理（参照类）]、团队成员交换以及团队成员交换强度后，模型 2 显示谦卑型领导 × 组织目标清晰度的系数为 0.37（$p < 0.05$），达到 0.05 的显著水平，说明组织目标清晰在谦卑型领导和团队知识分享之间的调节效应成立，并且为正向调节，因此假设 H12 得到验证。

为了清楚体现组织目标清晰度对谦卑型领导和团队知识分享之间关系的调节作用，本研究绘制了谦卑型领导和组织目标清晰度的交互作用图，如图 6 - 4 所示。当组织目标清晰度较弱时，谦卑型领导对团队知识分享是负向的影响，而在组织目标清晰度较强时，谦卑型领导对团队知识分享是正向的影响。

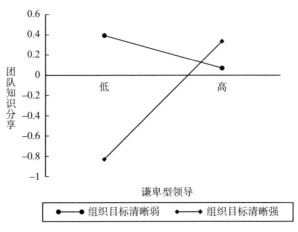

图 6 - 4　组织目标清晰度调节作用

进一步地，同样借助 Process 软件对组织目标清晰进行了简单斜率分析。首先，检验组织目标清晰是否在谦卑型领导和团队知识获取之间存在调节效应。本节分别以高/低于组织目标清晰平均值的一个标准差进行简单斜率分析（见表 6 - 13）。当组织目标清晰较弱时，谦卑型领导与团队知识获取之间的关系较弱，$\beta = 0.330$，95% 置信区间包含 0 不显著；随着组织目标清晰的逐渐升高，谦卑型领导和团队知识获取之间的关系并不明确。因此，组织目标清晰在谦卑型领导和团队知识获取之间调节效应不存在，进一步证实假设 H9 不成立。

表 6 – 13　　　　组织目标清晰调节效应的 simple slope 检验

谦卑型领导→ 团队知识获取	β	Boot SE	T	P	95% 置信区间	
					下限	上限
低于均值一个标准差	0.330	0.200	1.648	0.106	- 0.072	0.732
平均值	0.461	0.133	3.477	0.001	0.195	0.728
高于均值一个标准差	0.593	0.213	2.788	0.007	0.166	1.020

其次，检验了组织目标清晰是否在谦卑型领导和团队知识分享之间存在调节效应（见表 6 – 14）。当组织目标清晰较弱时，谦卑型领导与团队知识分享之间的关系较弱，$\beta = -0.160$，并且不显著；随着组织目标清晰的逐渐升高，谦卑型领导与团队知识分享之间的关系逐渐增加，并且显著性也逐渐增强。因此，组织目标清晰在谦卑型领导和团队知识分享之间存在调节效应，进一步证实假设 H12 成立。

表 6 – 14　　　　组织目标清晰调节效应的 simple slope 检验

谦卑型领导→ 团队知识分享	β	Boot SE	T	P	95% 置信区间	
					下限	上限
低于均值一个标准差	- 0.160	0.198	- 0.810	0.422	- 0.557	0.237
平均值	0.220	0.131	1.678	0.099	- 0.043	0.483
高于均值一个标准差	0.600	0.210	2.857	0.006	0.179	1.021

四、被调节的中介效应检验

本研究参考 Hayes 提出的被调节的中介模型 Process 中进行 Bootstrap

检验。由表 6 - 15 可知，对于高组织目标清晰的团队，团队知识获取在谦卑型领导和团队学习行为之间的中介效果不显著，$\beta = 0.183$，95% 置信区间为 [- 0.045，0.407]，包含 0；对于低组织目标清晰的团队，团队知识获取的中介效果不显著，$\beta = 0.117$，置信区间为 [- 0.020，0.389]，包含 0。因此，假设 H13 未得到支持。

表 6 - 15　　组织目标清晰度不同水平上团队知识获取的中介效应

结果变量	组织目标清晰	条件间接效应				有调节的中介			
		β	Boot SE	95% 置信区间		β	Boot SE	95% 置信区间	
				下限	上限			下限	上限
团队学习行为	低值	0.117	0.097	- 0.020	0.389	0.033	0.063	- 0.079	0.180
	高值	0.183	0.087	- 0.045	0.407				

由表 6 - 16 可以看出，对于高组织目标清晰的团队，团队知识分享在谦卑型领导和团队学习行为之间的中介效果显著，$\beta = 0.326$，置信区间为 [0.125，0.620] 不包含 0；对于低组织目标清晰的团队，团队知识分享的中介效果不显著，$\beta = 0.005$，置信区间为 [- 0.132，0.173] 包含 0。可以看出，团队知识分享的中介作用受到组织目标清晰的调节作用，并且随着组织目标清晰的增强，团队知识分享在谦卑型领导和团队学习行为之间的中介效果逐渐增强。因此，假设 H14 得到支持。

表 6 - 16　　组织目标清晰度不同水平上团队知识分享的中介效应

结果变量	组织目标清晰	条件间接效应				有调节的中介			
		β	Boot SE	95% 置信区间		β	Boot SE	95% 置信区间	
				下限	上限			下限	上限
团队学习行为	低值	0.005	0.076	- 0.132	0.173	0.160	0.069	0.060	0.339
	高值	0.326	0.124	0.125	0.620				

进一步地，通过结构方程模型来估计调节效应在高和低不同水平下的链式中介效应，即检验组织目标清晰度在"谦卑型领导—团队成员知识获取—团队学习行为—团队创新绩效"和"谦卑型领导—团队成员知识分享—团队学习行为—团队创新绩效"链式中介中的调节效应，结果如表6-17所示。

表6-17　　　　　组织目标清晰度不同水平上的链式中介效应

链式中介模型	不同水平	β	95%置信区间	
			上限	下限
谦卑型领导—团队知识获取—团队学习行为—团队创新绩效	低值	0.084	0.004	0.282
	高值	0.146	0.042	0.361
	差异	0.063	-0.058	0.313
谦卑型领导—团队知识分享—团队学习行为—团队创新绩效	低值	-0.021	-0.141	0.047
	高值	0.148	0.040	0.355
	差异	0.041	0.169	0.451

从表中可以看出，对于低组织目标清晰度的团队，"谦卑型领导—团队成员知识获取—团队学习行为—团队创新绩效"的链式中介效果显著，$\beta = 0.084$，置信区间为 [0.004, 0.282] 不包含0；对于高组织目标清晰度的团队，"谦卑型领导—团队成员知识获取—团队学习行为—团队创新绩效"的链式中介效果显著，$\beta = 0.146$，置信区间为 [0.042, 0.361] 不包含0；但调节高低时两个中介路径的差异并不显著，$\beta = 0.063$，置信区间为 [-0.058, 0.313] 包含0，表明组织目标清晰度在"谦卑领导—团队成员知识获取—团队学习行为—团队创新绩效"的链式中介效应不成立，假设H15未得到支持。

从表中可以看出，对于低组织目标清晰度的团队，"谦卑型领导—团队成员知识分享—团队学习行为—团队创新绩效"的链式中介效果不显著，$\beta = -0.021$，置信区间为 [-0.141, 0.047] 包含0；对于高组织目标清晰度的团队，"谦卑型领导—团队成员知识分享—团队学习行为—

团队创新绩效"的链式中介效果显著，$\beta = 0.148$，置信区间为 $[0.040,$ $0.355]$ 不包含 0；调节高低时两个中介路径的差异是显著的，$\beta = 0.041$，置信区间为 $[0.169，0.451]$ 不包含 0，表明组织目标清晰度在"谦卑型领导—团队成员知识分享—团队学习行为—团队创新绩效"的链式中介效应成立，假设 H16 得到支持。

第三节 研究结果讨论

本章从社会互动和意义建构理论视角构建了团队层面谦卑型领导对团队创新绩效影响效应的假设模型并通过实证研究方法对变量之间的关系和模型进行了检验。研究结果如表 6-18 所示。

表 6-18   假设检验结果汇总

编号	假设	检验结果
H1	谦卑型领导对团队创新绩效有显著正向影响	支持
H2	谦卑型领导对团队知识获取有显著正向影响	支持
H3	团队知识获取对团队学习行为有显著正向影响	支持
H4	谦卑型领导对团队知识分享有显著正向影响	支持
H5	团队知识分享对团队学习行为有显著正向影响	支持
H6	团队学习行为对团队创新绩效有显著正向影响	支持
H7	谦卑型领导通过团队知识获取对团队学习行为的间接影响正向显著	支持
H8	谦卑型领导通过团队知识分享对团队学习行为的间接影响正向显著	支持
H9	谦卑型领导通过团队知识获取，进而通过团队学习行为对团队创新绩效间接影响正向显著	支持
H10	谦卑型领导通过团队知识分享，进而影响团队学习行为对团队创新绩效间接影响正向显著	支持
H11	组织目标清晰度正向调节谦卑型领导对团队知识获取的影响	不支持
H12	组织目标清晰度正向调节谦卑型领导对团队知识分享的影响	支持

编号	假设	检验结果
H13	组织目标清晰度正向调节从谦卑型领导到团队知识获取到团队学习行为的间接路径	不支持
H14	组织目标清晰度正向调节从谦卑型领导到团队知识分享到团队学习行为到团队创新绩效的间接路径	支持
H15	组织目标清晰度正向调节从谦卑型领导到团队知识获取到团队学习行为到团队创新绩效的间接路径	不支持
H16	组织目标清晰度正向调节从谦卑型领导到团队知识分享到团队学习行为到团队创新绩效的间接路径	支持

一、谦卑领导对团队创新绩效直接效应讨论

本章通过对京津冀地区汽车制造、电器仪表、教育培训、城建投资和装备制造产业园区中的生产、营销、研发和设计等多个类别的 64 个团队的实证研究表明，谦卑型领导能够显著促进团队创新绩效。在以往研究中，谦卑型领导与客观和主观绩效指标均显示呈正相关（Owens，2013，2015，2016）。而在与创新的关系研究中，有研究发现谦卑型领导与团队创新相关但并不直接影响团队创造力，而是通过塑造某种团队氛围间接促进了团队创造力（Lurdes & Filipa，2017；Hu et al.，2018）。而在本研究中发现谦卑型领导对团队创新绩效具有显著促进作用，其结论与已有研究存在一定程度分歧，我们认为差异的产生大致有如下两个方面的原因。

首先，团队创造力和团队创新绩效在构念上属于不同的范畴。二者虽然相关，但存在一定的区别（Simon & Tellier，2016）。团队创造力以个体或团队成员在体化知识为前提，强调了对团队中的新观点、新思想的激发（Shin & Zhou，2007；Audia & Goncalo，2007）；团队创新绩效则强调创新的后半部分，即基于群体互动关系下对新知识的转化和应用，旨在通过对不同声音、不同观点以及关系的扩展进行意义的重构，这有

别于前者仅仅寻求某种"最佳观点和方式"。相关研究发现，在团队中新观点多也不一定能够带来同样的价值转化，也有可能产生负向绩效（James，1999），这意味着创新绩效的实现并不完全取决于新观点的多寡，而是和持续性的团队合作和知识转化有着不可分割的关系。谦卑型领导对团队创新绩效的影响既非对观点新颖和多样化的单纯强调，也非个体观点的简单叠加，而是其对团队合作关系促进的结果表征，而本研究的实证结果支持了这一假设。其次，文化属性的差异。欧文斯（2015）指出有关谦卑的研究不应仅局限在西方样本上，对于其他文化的适应性还有待检验。西方组织中员工对独立、自主有着强烈的个体化需求也因此形成了对权威的反感，应该说谦卑型领导有助于削弱权力资本的控制能力，而组织中领导权力资本的弱化，为其他资本获得独立提供了可能性和合法性，从而导致了领导者权力资本与团队其他资本此消彼长二元对立的关系，也就是说在西方谦卑型领导更有可能是通过权力资本的让渡促进团队绩效的提高。相比较西方文化，东方文化长期以来一直秉持谦卑的理念，更强调谦卑的重要性（Peterson & Seligman，2004）和社会价值。在企业组织中，员工除了对个体自主性有所需求还有很强烈的集体感，对过度权威有所反感的同时也对权威有所依附，体现了领导者权力资本和团队资本之间的相容性，甚至有可能互为实现的途径。因此，由文化的差异可能导致谦卑型领导和团队创新绩效之间的直接影响作用在中国组织中更加显著。

二、谦卑型领导对团队知识获取和知识分享的直接效应讨论

谦卑型领导具有学习的开放性在学术界和理论界早已达成共识。然而，有关谦卑型领导和团队成员的知识行为之间的关系一直没有受到重视。本研究实证检验了谦卑型领导对团队外部知识获取和团队内部知识分享均有显著正向促进作用。

其一，通过强调团队外部知识获取和团队内部知识分享行为，拓宽了谦卑型领导对团队知识层面的效应研究。目前，对谦卑型领导和团队绩效、团队创新之间作用机制的探讨主要集中在团队心理资本、团队心理安全感等单一团队心理变量上（Hu et al.，2018；Owens & Hekman，2016；Rego et al.，2017），忽略了对团队行为层面的关注。谦卑型领导通过营造开放性的话语环境和谦虚地向他人学习的行为示范作用向团队成员传递意义，触发了团队成员知识分享的动机，促进了团队知识分享行为，这一研究结论支持了已有研究结果，即谦卑型领导对团队知识分享行为具有正向促进作用（Hu et al.，2018）。另外，本研究进一步拓展了谦卑型领导与外部知识获取的影响路径。外部知识获取与内部知识分享是团队显性知识和隐性知识的重要来源，所不同的是外部知识更具异质性（苏敬勤、林海芬，2011）。以往很多研究者对组织和团队知识的单一性提出过批评，例如，莱文和莫里兰德（Levine & Moreland，1991）直接批评团队训练的研究主要围绕工作知识，对于社会知识很少关注，他们认为，当工作环境具有较高的信息负荷和模糊性时，差异化的观点促进了团队学习。本研究发现，谦卑型领导不仅通过意义给赋正向影响了团队成员内部知识分享行为，同时对团队外部知识获取行为也有正向促进作用，这一研究结论拓展了谦卑型领导对团队知识管理活动的作用效果。

其二，在以往围绕领导风格与知识传播、管理的研究中，主要呈现了"自上而下"和"自下而上"两大阵营的领导风格对知识管理作用的比较，包括变革与交易型领导风格，变革与家长型领导风格等，而两个方面的研究均表明对知识传播有显著促进作用，但却较少关注两类领导风格对不同知识行为的影响。本研究中，我们发现谦卑型领导对团队知识获取（$\beta = 0.714$，$p < 0.001$）比对团队知识分享的影响更显著（$\beta = 0.371$，$p < 0.05$）。一般而言，团队外部知识比团队内部知识更具有异质性和多样化（苏敬勤，2011），这意味着谦卑型领导更有助于团队成员与外部的合作和获取差异化的知识。而外部知识也更具有模糊性和间接

性的特点，它可能提供更多隐性的线索，而非直接的显性的知识资源，这也意味着"自下而上"的谦卑型领导更有助于团队成员对于隐性知识的传播，而"自上而下"的领导方式很可能对团队显性知识的共享更有效，本研究尚未对这一假设进行实证检验，但为未来提供进一步深入研究的空间。

三、团队知识获取、知识分享和团队学习的中介作用讨论

本研究探讨了谦卑型领导与团队创新绩效直接效应的基础上，基于意义建构理论视角揭示了谦卑型领导是如何通过影响团队知识发展和深层学习行为进而影响团队创新绩效的作用机制。研究中将团队学习行为也纳入中介因素并获得了实证支持，为谦卑型领导和团队创新绩效的关系探讨提供了新的解释路径。研究发现谦卑型领导不仅直接影响团队学习行为，还通过团队知识获取、团队知识分享两条路径间接影响团队学习行为。在以往研究中，学者们发现谦卑型领导能提升团队成员的心理安全感，促进员工知识分享（Hu et al.，2018），并为成员营造良好的学习氛围（Owens & Hekman，2012），但对于其对团队学习行为的影响没有给予足够的重视。莫拉勒斯等（García - Morales et al.，2006）指出，在知识管理研究中，许多研究者忽略组织学习和团队学习的重要性，甚至混淆了知识管理和组织学习。事实上，组织中当前获取的知识很少能完全适合明天，这意味着在已有知识和知识潜力之间存在着差距，也因此对持续的团队学习提出了要求（Dervin，1998）。廖和吴（Liao & Wu，2010）进一步澄清了它们的关系，认为知识管理是一种投入，而组织学习是一种过程，组织创新作为一种结果出现。这意味着，团队知识是团队学习的重要来源，而团队学习行为又为知识潜力的发展提供动力。本研究揭示了谦卑型领导行为不仅有助于促进团队知识行为（获取与分享），也提升了团队学习行为。

首先，团队外部知识获取和团队知识分享在谦卑型领导和团队学习行为之间的中介效应均显著（假设 H7、假设 H8 得到支持）。以往研究中关注心理资本、心理安全感、心理满足感等单一静态心理状态的中介作用（Owens & Hekman，2015；Rego et al.，2017；罗瑾琏等，2016），忽略了知识创造过程中团队知识互动行为层面的因素，而近来随着知识经济的崛起，相关研究已开始重视知识分享和知识交换在谦卑型领导和团队绩效的中介影响作用（Hu，2018），本研究的结论不但支持了上述研究成果，还进一步扩展了团队外部知识获取的中介影响作用，为异质性的团队外部知识在谦卑型领导和团队学习行为之间的影响作用提供了科学依据。

其次，完全中介路径模型 5、模型 6 显示，团队知识获取（团队知识共享）、团队学习行为在谦卑型领导和团队创新绩效之间具有显著的链式中介效应。谦卑型领导通过团队知识分享、团队知识获取以及团队学习行为的链式中介作用提升了团队创新绩效，这一研究结论深化了谦卑型领导对团队成员行为层面影响的研究机制。本研究聚焦于多变量的链式中介效应，依照意义建构理论的知识扫描、解释和行动过程（Daft & weick，1984），将团队知识活动和团队学习行为进行联结，为团队知识潜力的发展和知识转化提供了新的解释机制。通过对两条链式中介路径进行分析可以发现，当控制了团队知识获取或团队知识分享，谦卑型领导通过团队学习行为对团队创新绩效的影响均不再显著；而控制了团队学习行为，谦卑型领导通过团队知识获取或团队知识分享对团队创新绩效的影响也不再显著。可以看出，两个中介变量在整个路径中起到了关键的、不可或缺的中介作用。这说明，单纯的知识获取和知识分享只是构成知识创新绩效的必要条件，团队必须保证团队内外多方知识主体参与到开放性沟通，定期反思、实验或试验等实践过程才能持续性提升知识发展潜力，最终促进团队创新绩效。本书的解释机制与以往研究中信息加工理论所强调的团队成员可以从团队领导或是外界环境直接获取信息和知识，关注信息、知识的表征、记忆和贮存的逻辑理路不同，我们的研究认为团队从知识搜寻到新知识的产生需要经历一个更为复杂的交互过程，是包含着无数互动讨论、反馈与反思，试错与实验、试验的过程，这一实证研究结论支持了达弗特和维克（1984，1979）从组织行为视角提出了意义建构理论模型，谦卑型领导对团队创新绩效的影响作用是通过与知识传递相关的知识管理活动（知识获取、知识分享）和与知识潜力发展有关的团队学习行为逐步深入实现的。

最后，模型3和模型4知识获取、知识分享的中介系数没有太大差别，但根据两条链式中介模型的路径系数显示，知识获取路径系数明显高于知识分享的路径系数。这意味着，谦卑型领导通过激发团队外部知识获取或团队内部知识分享在促进团队学习上没有太大差异，但是当由团队学习向团队创新的知识转化和知识应用环节，外部知识获取和团队学习行为的中介作用显著增强了。以往王（Wong，2004）的研究区分了内部知识分享和外部知识获取对绩效的不同作用。他认为，内部知识共享和外部知识获取对创新的影响作用有所不同，外部知识获取更有助于促进团队创新，而内部知识分享主要表现在对团队效率的提升上。值得注意的是，相对于团队内部知识，外部知识更具差异化且模糊性，这类知识在转换成团队可利用的知识上要更加困难，领导者开放性以及团队成员更高质量的基于知识的互动和实践转化成为必然，本研究结论表明，谦卑型领导行为对观点的开放性有助于团队正确处理模糊性知识、避免知识互动过程中的破坏性的冲突的负面影响，促进其向更高质量知识的转化。

四、组织目标清晰性调节作用讨论

谦卑型领导与团队知识获取、团队知识分享和团队创新绩效都存在显著正向影响。但是，谦卑型领导并不是在任何条件下都对团队知识行为和团队创新绩效产生正向影响，这一作用过程可能受到组织目标清晰性的影响，我们将组织目标清晰性纳入模型后，研究结果如下。

其一，随着组织目标清晰性的增强，谦卑型领导对团队知识获取没有显著正向预测作用；无论是高组织目标清晰性团队还是低组织目标清晰性团队，团队知识获取在谦卑型领导和团队学习行为之间的中介效果均不显著；对于"谦卑型领导—团队成员知识获取—团队学习行为—团队创新绩效"的链式中介的调节效应不成立（假设 H11、H13、H15 没有得到支持）。也就是说，随着组织目标清晰性的增强，谦卑型领导对团队知识获取行为的影响和对团队创新绩效的中介作用均没有明显变化。为了深入了解谦卑型领导对团队创新绩效的影响，我们进一步考察了组织目标清晰性和团队外部知识获取、团队学习的共同作用，结果表明，在高组织目标清晰性和低组织目标清晰性下，谦卑型领导—团队知识获取—团队学习行为—团队创新绩效整条路径均不显著，调节后显著性没有太大变化。本研究认为，产生该结果的原因可能是该路径还存在其他条件变量，导致由组织目标清晰性对变量之间关系的影响变得微乎其微。比如，领导者通常对目标的解释具有重要的责任，但目标的初始来源未必来自团队领导者，目标的建构过程还包含了组织成员的参与，最终的目标究竟在多大程度上切合了团队成员的需求可能会影响他们后续的知识行为。外部知识获取反映了多方行动者共同参与的过程，这使得与组织目标的协调变得尤为重要，在行动中，如若缺少成员的充分对话和参与就极易出现引导性的倾向，也就会削弱组织目标清晰性的调节作用。

其二，对于高组织目标清晰性，谦卑型领导对团队知识共享的影响要远远高于低组织目标清晰性；随着组织目标清晰的增强，团队知识分享在谦卑型领导和团队学习行为之间的中介效果逐渐增强；对于谦卑型领导—团队成员知识分享—团队学习行为—团队创新绩效的链式中介的调节效应成立（假设 H12、H14、H16 获得支持）。这意味着相对于低组织目标清晰性，高组织目标清晰性下，谦卑型领导对团队内部知识分享、团队学习行为和团队创新绩效有更显著的促进作用。目标设置理论提出了工作的动力来自对充满挑战目标的设定（Lock & Latham，1990），特别是对于具有高目标感知的成员，更注重自身的学习过程，而不至于陷入与他人进行比较的狭隘中。事实上，无论是管理者还是团队成员，获得更多的目标反馈，会使其清楚知道理想和现实之间的差距，有助于形成下一步行动动力的来源。受到目标驱动的能量引发的努力会形成更高质量的团队学习行为，在彼此互动中强化相同的意义涌现共鸣。另外，尽管团队成员在谦卑型领导的影响下获得较高的心理安全感和心理资本（Owens & Hekman，2015），但是在创新过程中也会存在不确定性和风险性，而目标反馈和沟通会给团队学习带来更多的积极情绪和成就感。另外，组织目标清晰性对谦卑型领导、团队知识分享和团队创新绩效正向调节作用的实证研究结论，对于团队意义建构的实际应用有更好的指导意义。意义建构理论的批评者认为意义的制定带有强烈的主观性且与现实无关，人们注意的只是预先设定的结果事件和线索（Weick，2005）。我们的研究表明，谦卑型领导在引导团队学习和共享意义构建中，除了引发团队成员之间的相互关注和充分互动的社会建构过程，还要辅以反复的目标解释、反馈和沟通，使模糊的价值逐渐清晰化，这意味着团队创新绩效的达成取决于多元化知识和组织目标背后的最大公约数，这对现有框架下的意义建构理论进行了一定程度的修正和补充。

本 章 小 结

通过运用 SPSS 软件和 Mplus 软件，本章在对有效回收的问卷进行描述性统计分析和相关性分析的基础上，对研究变量进行了基本分层回归分析验证直接效应、Simple Slope 检验验证调节效应、Bootstrap 检验验证中介效应以及被调节的中介效应检验。

实证分析结果表明：（1）直接效应：谦卑型领导对团队创新绩效有显著正向影响，团队知识获取和团队知识分享均有显著正向影响，团队知识获取和团队知识分享对团队学习行为均有显著正向影响；（2）中介效应：谦卑型领导通过团队知识获取对团队学习行为的间接影响正向显著，谦卑型领导通过团队知识获取，进而通过团队学习行为对团队创新绩效间接影响正向显著；（3）调节效应：组织目标清晰度正向调节谦卑领导对团队知识分享的影响，组织目标清晰度正向调节从谦卑型领导到团队知识分享到团队学习行为的间接路径；组织目标清晰度正向调节从谦卑型领导到团队知识分享到团队学习行为到团队创新绩效的间接路径。

第三篇
管理应用篇

第七章 管理启示与实践建议

针对前面的实证分析结果，本章主要在研究结果分析的基础上，结合知识经济时代背景从团队领导技能、团队学习和团队创新提出管理实践建议，以促进团队领导的有效性，获取更高的团队效能和创新绩效。

第一节 应对不确定的知识经济环境，
提升谦卑型领导行为技能

一、警惕个体能力陷阱

知识经济时代，企业获得知识、使用知识以及创造知识的能力成为主要核心竞争优势，知识很重要，但是又是不断变化的，这使得基于知识的任务更复杂、创新结果更不确定。以往我们在讨论领导力时，常常将英雄般的领导和独特的能力相联系。然而，在新的历史环境下英雄式领导对团队的贡献变得越来越模糊，基于领导者个人的经验型知识的比较优势正在丧失，尽管成功的经验培养了对某项工作的胜任力，胜任力又进一步强化了原有的路径，使得他们在某些熟悉的领域变得越来越有效率。但也正因如此，很可能忽视了其他更重要、更具发展潜能的知识，从而固着在一个次优的层面，陷入能力的陷阱。

在快速变化的时代，当个体知识的积累速度远远落后于知识更新的速度，当人们都可以平等地获得同样的信息，团队领导要敢于放下自己的权威，对"理所当然的事物"保持警惕，善于洞察其中的局限性和偏见。事实证明，那些能够适应时代需要，敢于承认自己有所不知，在组织宽裕和关系创造上担负起责任的平凡的领导者表现了非凡的领导力。

二、培养关系性思维能力

科技革命和信息化的发展给整个社会带来了巨大的冲击，社会学家齐美尔（Simmel, 1908）指出，对于包含着无限多要素、相互作用关系极为复杂的有机体而言，人类理智在其秩序模式的形成机制上所能达到的认知水平是十分有限的，在这种系统内，人类只能掌握一些有关它的一般结构的抽象知识。正如我们所知，在释放个体的才能方面，没有公司比安然公司做得更好。然而，该公司却在2001年以高调破产谢幕。安然的倒塌击碎了组织领导者英雄神话般的幻象，同时也宣告了企业依靠某一个天才员工或智慧个体，抑或通过雇佣更多具有创造力的员工进行创造力的叠加获得发展梦想的破碎。

谦卑型领导致力于"创造关系"的技能在这种情境下变得异常重要，他们帮助团队在应对外界环境上更具灵活性和适应性，提升与团队内外包括员工、客户和利益相关者的合作性。一方面，团队领导要培养清晰的自我意识。自我意识来源于对自己与他人、外部环境以及更大范围的关系互动，通过互动促使不断收集有关自己和环境的信息，更具适应性的自我意识有助于领导者知道他们能够胜任哪些领域，不擅长哪些领域，而不是佯装自信，主观臆断给组织带来不可扭转的灾难。另一方面，团队领导要将视角由"个体内部"转向"人与人之间"。在快速变化的时代，知识的回报很大程度上取决于组织内部其他行动者或者亚单元知识的发展水平，越是能够分享交流信息，组织或团队越是能够进入一个不断自我强化的良性循环，知识更新就会越快，相反，过于看重自我就会滑向自负的边缘，阻碍信息的获得和传播，有价值的知识就会越来越少。

三、营造信任、开放的互动氛围

著名的"阿比林悖论"指出了一个现象,即团队容易陷入集体行动与成员个体真正意愿相违背的无意识决策中。这是由于无论领导者还是团队成员都处于一个模糊的并不完全清晰的环境中,每个人都没有足够的心理安全感把自己真实的想法表达出来。因此,领导者需在团队中创造平等的对话空间,为下属创造开放的互动氛围。

首先,信息"自下而上"的传递要比"自上而下"的传递困难得多,而领导者对团队成员学习和观点上的开放性是对团队成员知识权力合法化的承认,团队成员的观点在参与中获得了欣赏或者肯定,也会引发他们对领导者立场的关切,在相互的关切和注意中使得个体不再是与外部世界和他人相互隔绝的"内部心理",由此便为共同分享敞开了大门。

其次,领导者的开放性具有互惠性。"知识学习"和"知识教授"是互为实现的,大部分知识是在教中学到的,而成功的"教授"又是从"学习"开始的。领导者通过向其他团队成员问询获得了更多的思考和高质量决策的源泉,团队成员在回答中也获得了更多的反思和增进,新知识、新观点就在相互邀约、反馈、反思中被建构起来。

最后,领导者的开放性不仅是对团队"和"的促进,更是对"异"的争取。新事物的一个特点是经过培养和联系才能实现其潜力,相互接纳、相互肯定无疑是团队的一笔重要资产。然而,要让观点的车轮滚动起来还需要来自不同领域的多种声音,越是让不同的声音保存下来,让不同的观点有参与、试验的机会,越能激发出通向未来的潜能,在差异声中找到团队从一种状态向另一种新状态的跃升。正如莫克洛斯和齐克森米哈伊所指出的"在生命的旅程中,社会支持系统和人际相互作用对于创造力的产生极其重要"。面对新观点、新想法,领导者需保持开放性，防止短期低效率的偏见，平衡好在原有胜任力和暂时不胜任之间的关系，当错误、失败和差异化不再作为负向信号，而是与创新紧密相关的实践过程时，团队才真正能摆脱既有能力的陷阱获得崭新的突破。否则，在整体积极反馈出现以前，领导者所作出的局部消极反馈可能已经让行动偃旗息鼓了。

第二节　重视开发团队学习行为，构建创新型学习团队

彼得·圣吉发现许多组织都饱受学习障碍之苦，为了加强组织学习的能力，提出了"学习型组织"的实践模型。他认为管理者需进行五项修炼，包括系统思考、团队学习、心智模式、自我超越和共同愿景。其中，团队学习代表了团队中的成员互相学习、取长补短，团队学习的修炼始于团队成员的"对话"，从而使团队成员进入真正统一思考的过程。团队学习中，团队领导者首先要监控自己的经验并从中学习，其次还要组织团队成员学习并从他们的经验中获得知识，而团队成员则需通过内部知识分享获取知识、发展经验。

事实上，在以往团队学习的解释中，忽略了对于多个学习个体交互学习效果的关注，也因此没有触发团队对未知知识的探讨。这也是为什么诸多来自实践的管理者认识到了"学习型组织""学习型团队"的重要性，但在实践中却面临学习困境的原因所在。理解这个问题，我们必须认识到团队学习是一把"双刃剑"，一方面，团队通过群体交互获得更多的知识来源，更多的方法，提高了解决问题的效率；另一方面，学习本身具有自限性，从短期局部的经验中高效、交互的学习会忽略对长期的、未知的学习探索，而来自经验中的取长补短很有可能在改进短期任务绩效的同时遏制了长期创新绩效的发展。因此，厘清团队知识发展过程，解决多个行为个体学习交互的问题，平衡知识利用和知识发展之

间的关系以及构建学习型团队有着重要的指导意义。在团队知识管理过程中，管理者既要重视对已有知识的传播和获取，也要平衡好对于未来知识潜力的探索。

一、鼓励团队成员之间的欣赏式沟通

对于一个身处不确定时代的创新团队，有价值的知识通常分散在不同的个体和结构中，当事件涉及诸多利益相关者时，如何促进更大范围的信息流动，激发出潜藏在团队内外的显性知识和隐性知识成为关键之所在。在实际工作中，常常有一些因素阻碍了团队成员对团队内外知识的充分利用。比如，知识分享方对知识领域的捍卫、对知识所有权的保护，知识获取方在获取知识时的心理障碍等。毫无疑问，团队中如若充斥着大量的多疑和自我防御的行为就无法将关注点集中在知识潜力的开发上，就会忽视团队整体的利益，偏离团队目标。

事实上，这些合作障碍的产生不仅关乎个人层面，更与团队氛围的营造有很大的相关性。谦卑型领导通过提升团队成员的安全的心理氛围、建立互信的心理环境对于抑制这些障碍的重要作用（Hu，2017；Owens，2013）。谦卑型领导"坦承自己的不足"和"彰显他人优势"等互动技能有助于鼓励团队成员在参与过程中采取一种欣赏式沟通的方式，欣赏式沟通氛围的塑造改善了成员间的疏离和竞争关系进而提升了知识共享意愿，促进了团队知识潜力得以发展，关系型未来得以呈现。从意义建构的角度来看，团队领导者要有意识引导成员关注团队内外优势与资源，而非执着于问题领域，积极向团队发送建立更广泛关系的信号，开发相应流程帮助大家建立积极的协作关系，淡化团队内外群体的边界，促进各种关系的相互理解和欣赏式的建构。

二、构建"知识生产"的核心价值

弗莱雷认为团队学习不是对观念的消费，而是对思想的创造和再创造。管理实践中团队成员不但要做好知识消费者和传播者，更要成为知识的生产者。一方面，知识的传播不是最终的目的，新的意义的建构依赖于团队成员在团队层面的讨论、交流、互动与反思，形成团队层面的知识对话、碰撞和共鸣。团队学习行为的核心是围绕着"对话"展开的，这是因为团队"对话"体现了团队成员在共有的环境中自由发挥和重复练习的过程。另一方面，团队要保证团队成员有充分的机会进行思考、试验、实验和改善，促进观点的更替和知识的迭代，进而形成互为基础的知识螺旋。因此，团队学习行为是在团队知识共享基础上更深层次的互动过程，是知识创造的关键环节。值得注意的是，虽然频繁互动能够让团队成员保持意识的活跃、提高结构增量的可能性，但它也会干扰激活扩散，演化成恶性的对立和分歧，而妨碍了集体无意识顿悟的呈现。管理者还需注意在保持知识上的谦卑和开放性的同时更需要共同参与目标的监督，它有助于我们抵御"确定性"的诱惑，对提升"对话"的质量和效率有着重要的作用。

三、完善创造型学习团队的保障机制

学习型团队要想有所成效需要相应的文化机制作保障，而这一文化机制与团队领导者关系技能发展的程度密切相关。

1. 打造创造型学习团队的开放机制

学习的开放性不但促进了领导者自身的发展，同时也对团队成员开放性的学习观和学习方式有显著积极的影响。开放性的学习观不但能够帮助团队成员学习知识和观点本身，还能通过更多地学习其他人的思考方法和思维方式，使其更容易接受团队内外的差异化；开放性的学习方式有助于团队学习获取更灵活、更宽裕的学习机会和空间，事实上，很多创新的线索都来自团队成员的非正式共享情境，大脑在一种无意识状态下，一个高度相关的分心任务会使其变得更活跃，更富有创造性。

2. 建立创造型学习团队的自我评价机制

变化的世界需要批判式思维，要解决在剧烈动荡、瞬息万变的商业环境中确保生存和发展，就需要坚持不懈地自我调整。反思的最大好处是能使我们摆脱僵化和路径依赖，将过去的成功或失败转换成新问题，并寻找到原有路径和新问题之间的联系。而一个团队领导者是否具有"清晰的自我意识"则是一个团队能否进行客观自我评价的前提条件。这是因为对过去问题的回顾和质问是一个深层次的学习过程，也预示着新的假设的重建，领导者与团队成员、团队成员与团队外群体之间的相互询问和改善都是为发展注入价值的过程，促进了更高质量的学习结果。

3. 强化创造型学习团队的互动机制

团队互动机制包含着两个不同的阶段，即表层的团队知识传播、知识利用和深层的知识碰撞、试错实践过程。第一个阶段是对以往"知识个体化"观点的纠正，无论是热衷领导风格的优势还是强调团队某个成员的智慧，都忽略了知识分散性的本质，而知识的分散性决定了不同个体之间的观点、想法相互碰撞的必要性，因此，学习型团队的基础是要进行认知层面上的知识交互。那么，创新的观点被提出来后如何转化成创新的产品或服务呢？第二个阶段的互动体现在了实践层面。但是在实践之前，正如我们所知，观念常常不可避免地具有模糊性，为了避免大规模的实践活动带来的损失，通常会采用实验的方式来降低试错成本，实验的推进很大程度上取决于团队成员及其他利益相关者是否支持和接受，在这一阶段团队领导者需要促成合作性互动的开展。

毫无疑问，团队知识创新俨然已经成为知识管理的核心问题。知识管理的核心任务是技术、智力支持使团队在现有条件下尽可能多、尽可能广泛地发现和获得有价值的信息。团队领导者除了依靠储存在某一个人、某一个机构甚至是某一个知识平台中静态的脑内知识，更应该注意到为团队成员营造活的互动空间。特别是知识经济时代任务完成中不确定性的增强，一些隐性未知的知识是需要学习者亲身参与和讨论对话在制订和实施计划的过程中逐渐明确起来。也就是说，在现阶段，知识更具实践性，团队领导者促进每一位员工都能参与到广泛的对话和讨论中来，这需要团队领导创造支持性的情境，如扩大开放式交流参与者的范围，鼓励观点多元化；打通正式沟通和非正式沟通渠道，使沟通常态化、生活化；引导团队成员欣赏式探究和建设性沟通的行为；促进团队成员相互之间的行为邀约，持续保持对理解内容的细化、联想、增补和扩充，不局限唯一的答案和真理，探求更多可能性等。

第三节 把握不同情境中组织 目标的权变作用

毫无疑问，组织目标在组织中是重要的管理手段和资源调动工具，组织和团队在特定目标下行动能够更好地明确方向，更高效地实现团队行动。然而，对于不同的知识管理情境，目标会呈现出不同程度的作用价值，在团队内部知识分享路径中相对于低组织目标清晰性，高组织目标清晰性下谦卑型领导对团队内部知识分享、团队学习行为和团队创新绩效有更显著的促进作用；而在团队外部获取路径中无论是高组织目标清晰性还是低组织目标清晰性，团队知识获取、团队学习行为在谦卑型领导和团队创新绩效之间的中介效果均不显著。很显然，在以知识利用为目的的团队内部知识分享和以知识探索为目的的团队外部知识获取的两条路径上对于组织目标的依赖作用是有差异的。团队管理者，一方面，要善于利用组织目标促进有着相似知识背景团队成员之间的知识互动和合作关系的建立，保证和协调团队成员之间的良性互动以及生产中任务达成和方向的一致性；另一方面，要意识到目标管理在知识经济背景下复杂任务中的局限性，当来自不同知识背景的团队成员、专家学者合作时，承担任务的模式和选择路径也会变得多种多样，此时团队合作场域的目标具有排他性，无论是组织领导还是团队领导都无法事无巨细地规定知识创新的全过程，也无法把知识生产过程简单地稳固在某个标准，领导者必须鼓励团队成员自由试错，为团队创设进行知识推理和想象的空间，才有可能充分释放知识潜力，最终将创造力转化成生产力。

一、加强团队内部知识分享过程与组织目标的融合

谦卑型领导为团队塑造了开放的互动环境，员工获得了更多的心理安全感和更高的自主性，具有更强的知识分享意愿和创造力，但并不意味着能够达成创新绩效，仍需团队成员在交流中了解组织战略需求的具体细节，让组织的价值诉求在团队的沟通讨论中逐渐清晰化。在相互依存和交互的网络中，组织目标的确立不仅依靠组织管理者一个人的主观意志，目标的确立过程同样取决于组织拥有的认知水平、团队领导者的智慧以及对组织目标确立有着较高影响力的团队成员，为达成任务和绩效，团队领导者要善于在行动中整合团队个体成员的需求和目的，保证团队成员了解以及通过恰当的沟通理解他们的共同目标，建立起共同的责任感，从而使行动朝向共同的愿景。

二、弱化团队外部知识互动中组织目标的支配作用

在知识经济环境下，团队不再是封闭和独立的个体，而是在合作行动中获取自身所需的资源，而团队之间在获取资源、任务分配、需求和利益上既有一致的方面也有很大的差异性。一个团队的行动、知识、决策会影响到其他团队的同时也会受到来自其他团队和更大的外部网络的影响，组织目标的优先性在团队与其合作者的互动中会被弱化。尽管在组织目标的名义下行动，又往往在行动的过程中发生改变，团队成员很可能在团队学习过程中派生出更为具体的共同的目标。在知识经济背景下，团队领导者需充分认识到目标形成过程的动态性，根据团队成员在外部知识获取和团队学习中所承担任务的特殊性和具体要求，不刻意关注组织目标，构建一个有助于知识探索和想象的空间，形成完全不同的

团队知识建构思路。

本 章 小 结

本章结合前文理论分析和实证研究结果，从提升谦卑型领导行为技能、构建创新型学习团队和把握不同情境中组织目标的权变作用三个方面尝试提出了管理实践建议，为团队创新绩效的实现提供了一种分析和解决路径。

附　录　A

团队成员访谈提纲

（1）被访人的基本情况（婚姻状况、学历、年龄、收入等）。

（2）你觉得谦卑型领导有哪些行为特征和突出表现？

（3）回顾一次让你印象深刻的创新经历，你能具体谈谈你们的团队领导和团队成员是如何行动的吗？

（4）你认为创新过程会受到哪些阻碍？为什么？

附　录　B

时点 1 调查问卷。

员工版

尊敬的先生/女士：您好！

我们是来自北京交通大学的研究团队，非常感谢您能参加这次调查。您的回答仅供学术研究使用，并无对错之分。问卷填写完成后请直接密封，所有资料会得到严格保密。因此请您不要有任何顾虑，真实表达自己的感受。下面请参阅调查问题，根据您自己实际情况与下列陈述的符合程度，在合适的数字上打"√"（每行限选一项）。谢谢！

问卷编号：

基本信息

1. 您的年龄：

□25 岁以下　　　□26 ~ 35 岁　　　□36 ~ 45 岁　　　□46 岁及以上

2. 工作年限：

□1 年以下　　　□1 ~ 5 年　　　□6 ~ 10 年　　　□11 年及以上

4. 您的性别：

□男　　　　　　□女

5. 您的教育背景：

□高中及以下　　□大专　　　□本科　　　　　□硕士

□博士

问卷内容

请思考您的<u>直接上司或</u>领导在多大程度上符合以下行为描述	非常不符合	不符合	有点不符合	不好确定	有点符合	符合	非常符合
（1）他/她主动寻求别人对自己的反馈，即使是那些具有批判性的反馈	1	2	3	4	5	6	7
（2）他/她承认自己不懂得做某件事情	1	2	3	4	5	6	7
（3）认可有人比他/她更有知识或技能	1	2	3	4	5	6	7
（4）他/她能看到别人的优点	1	2	3	4	5	6	7
（5）他/她经常称赞别人的长处	1	2	3	4	5	6	7
（6）他/她对别人的贡献表示赞赏	1	2	3	4	5	6	7
（7）他/她愿意向别人学习	1	2	3	4	5	6	7
（8）他/她对别人的想法持开放的态度	1	2	3	4	5	6	7
（9）他/她对别人的建议持开放的态度	1	2	3	4	5	6	7

附　录　C

领导版

尊敬的先生/女士：您好！

我们是来自北京交通大学的研究团队，非常感谢您能参加这次调查。您的回答仅供学术研究使用，并无对错之分。问卷填写完成后请直接密封，所有资料会得到严格保密。因此请您不要有任何顾虑，真实表达自己的感受。下面请参阅调查问题，根据您自己实际情况与下列陈述的符合程度，在合适的数字上打"√"（每行限选一项）。谢谢！

问卷编号：

基本信息

1. 您的年龄：

□25 岁以下　　　□26～35 岁　　　□36～45 岁　　　□46 岁及以上

2. 工作年限：

□1 年以下　　　□1～5 年　　　□6～10 年　　　□11 年及以上

4. 您的性别：

□男　　　　　　□女

5. 您的教育背景：

□高中及以下　□大专　　　□本科　　　□硕士

□博士

问卷内容

1. 请根据您所在团队的现实情况，判断以下描述在多大程度上符合现实	非常 不符合	不符合	有点 不符合	不好 确定	有点 符合	符合	非常 符合
（1）我们团队会从团队外部的人员那里寻求观点或意见	1	2	3	4	5	6	7
（2）我们团队会从团队外部的人员那里寻求反馈	1	2	3	4	5	6	7
（3）我们团队会从团队外部的人员那里获取建议	1	2	3	4	5	6	7
（4）我们团队不断审视组织内外部环境，以便对市场获得更深的了解	1	2	3	4	5	6	7

2. 请根据您所在团队的现实情况，判断以下描述在多大程度上符合现实	非常 不符合	不符合	有点 不符合	不好 确定	有点 符合	符合	非常 符合
（1）在我们团队中，成员彼此之间会分享他们独特的知识和观点	1	2	3	4	5	6	7
（2）如果一名成员知道如何更有效地完成团队任务，他/她会告诉其他团队成员	1	2	3	4	5	6	7
（3）在我们团队中，成员之间会进行信息、知识、技能等方面的交流	1	2	3	4	5	6	7
（4）大多数团队成员会与其他成员没有保留地分享获取难度很大的知识或技能	1	2	3	4	5	6	7
（5）在我们团队中，成员会为其他成员提出大量与工作有关的建议	1	2	3	4	5	6	7
（6）我们团队成员之间会进行大量具有建设性的讨论	1	2	3	4	5	6	7
（7）团队成员会利用自己的专长或知识来帮助其他成员找到问题的解决方案	1	2	3	4	5	6	7

参 考 文 献

［1］安世虎．组织内部知识共享研究［D］．天津：天津大学，2005．

［2］宝贡敏，钱源源．多层次视角下的角色外行为与团队创新绩效［J］．浙江大学学报（人文社会科学版），2009，39（5）：113－121．

［3］曹雁，吴英策．研发团队成员协作与知识分享行为对创新绩效的影响探析［J］．中国高校科技与产业化，2010（5）：17－19．

［4］柴富成，程豹．共享领导对团队创新绩效作用路径研究［J］．企业经济，2015（5）：28－32．

［5］陈国权，付悦，郑晓明，等．企业管理者人格类型与个体学习能力关系研究［A］．中国科学学与科技政策研究会．第四届中国科学学与科技政策研究会学术年会论文集（Ⅱ）［C］．中国科学学与科技政策研究会，2008：14．

［6］陈国权．团队学习和学习型团队：概念、能力模型、测量及对团队绩效的影响［J］．管理学报，2007（5）：602－609．

［7］陈力凡，刘圣明，胡小丽．社会认同视角下谦卑型领导与员工主动性行为［J］．管理科学学报，2022，25（2）：104－115．

［8］陈翼然，雷星晖，单志汶，等．谦卑型领导风格对创新的压力——员工创造力曲线关系的调节作用［J］．科技管理研究，2017，37（1）：139－143．

［9］褚福磊，王蕊．资质过剩感与亲组织不道德行为：心理特权与谦卑型领导的作用［J］．心理科学，2019，42（2）：365－371．

［10］丁奕文，徐谡．科技型创业团队异质性对创新绩效影响的实

证研究 [J]. 电子科技大学学报（社会科学版），2020，22（2）：104 -
112.

[11] 丁远坤. 建构主义的教学理论及其启示 [J]. 高教论坛，2003
（3）：165 - 168.

[12] 樊景立，郑伯埙. 家长式领导：再一次思考 [J]. 本土心理学
研究，2000（13）：219 - 226.

[13] 冯雅琦. 基于知识共享的团队异质性对研发团队创新绩效的
影响研究 [D]. 上海：东华大学，2018.

[14] 耿紫珍，刘新梅，杨晨辉. 战略导向、外部知识获取对组织
创造力的影响 [J]. 南开管理评论，2012，15（4）：15 - 27.

[15] 顾琴轩，王莉红. 研发团队社会资本对创新绩效作用路径——
心理安全和学习行为整合视角 [J]. 管理科学学报，2015，18（5）：
68 - 78.

[16] 韩奉璋，雷星晖，单志汶. 谦卑型领导对组织创新模式的影
响研究 [J]. 华东经济管理，2016，30（12）：114 - 121.

[17] 韩杨，罗瑾琏，钟竞. 双元领导对团队创新绩效影响研究——
基于惯例视角 [J]. 管理科学，2016，29（1）：70 - 85.

[18] 侯二秀，郝唯汀. 组织创新绩效影响因素研究综述 [J]. 企业
研究，2012（9）：9 - 11.

[19] 侯二秀，李靖尧，长青. 团队创新绩效影响因素的研究述评
[J]. 内蒙古工业大学学报（社会科学版），2013，22（2）：98 - 101.

[20] 金辉，杨忠，黄彦婷，等. 组织激励、组织文化对知识共享
的作用机理——基于修订的社会影响理论 [J]. 科学学研究，2013，31
（11）：1697 - 1707.

[21] 雷星晖，单志汶，苏涛永，等. 谦卑型领导行为对员工创造
力的影响研究 [J]. 管理科学，2015，28（2）：115 - 125.

[22] 李纲. 企业网络结构与知识获取的关系模型 [J]. 技术经济与
管理研究，2010（1）：59 - 61.

[23] 李海红，张建卫，周愉凡，等．多层面视角下谦卑型领导与科学创造力研究 [J]．科学学研究，2022，40（9）：1630 - 1640.

[24] 李晋，侯红梅，李晏墅．科技型创业者自恋人格与团队创新绩效的非线性关系研究——基于孵化期公司创业愿景的视角 [J]．经济管理，2018，40（4）：69 - 83.

[25] 李胜兰，王碧英，高日光．中国组织情境下谦卑型领导的概念及结构维度——基于追随者中心视角的质化研究探索 [J]．当代财经，2016（11）：79 - 88.

[26] 李素敏，纪德奎，成莉霞．知识的意义建构与基本条件 [J]．课程．教材．教法，2015（3）：42 - 49.

[27] 李晓青，林志扬．变革型与交易型领导有效性的实证比较 [J]．厦门理工学院学报，2013（1）：69 - 73.

[28] 李雅玲．建构主义学习理论与教师角色定位 [J]．中国成人教育，2009（16）：116 - 117.

[29] 梁凯丽．团队异质性，知识网络对创新绩效的影响研究 [D]．北京：北方工业大学，2019.

[30] 廖开际，叶东海，吴敏．组织知识共享网络模型研究——基于知识网络和社会网络 [J]．科学学研究，2011，29（9）：1356 - 1364.

[31] 刘冰，徐璐，齐蕾．时间领导与团队学习行为——基于建筑业项目团队的调查研究 [J]．中国软科学，2017（1）：115 - 126.

[32] 刘臣，单伟，于晶．组织内部知识共享的类型及进化博弈模型 [J]．科研管理，2014，35（2）：145 - 153.

[33] 刘惠琴，张德．团队层面的高校学科团队创新绩效模型研究 [J]．科学学研究，2006，24（3）：421 - 427.

[34] 刘慧敏，王刊良，田军．虚拟科研团队中的信任、冲突与知识共享的关系研究 [J]．科学学与科学技术管理，2007（6）：159 - 163.

[35] 刘锦英．行动者网络理论：创新网络研究的新视角 [J]．科学管理研究，2013，31（3）：14 - 17.

[36] 刘锦英. 知识获取模式研究 [J]. 科技进步与对策, 2007 (8): 149-152.

[37] 刘小禹, 刘军. 公平与领导理论视角的团队创新绩效研究 [J]. 科研管理, 2013, 34 (12): 100-109.

[38] 刘小禹, 孙健敏, 周禹. 变革/交易型领导对团队创新绩效的权变影响机制——团队情绪氛围的调节作用 [J]. 管理学报, 2011, 8 (6): 857.

[39] 刘新梅, 姚进, 陈超. 谦卑型领导对员工创造力的跨层次影响研究 [J]. 软科学, 2019, 33 (5): 81-86.

[40] 吕兴群. 科技型新企业领导风格对创新绩效的影响研究: 知识获取的中介作用 [D]. 长春: 吉林大学, 2016.

[41] 罗瑾琏, 管建世, 钟竞, 等. 基于团队双元行为中介作用的双元领导与团队创新绩效关系研究 [J]. 管理学报, 2017, 14 (6): 814-822.

[42] 罗瑾琏, 花常花, 钟竞. 谦卑型领导对员工工作绩效和工作满意度的影响研究 [J]. 软科学, 2015 (10): 78-82.

[43] 罗瑾琏, 花常花, 钟竞. 谦卑型领导对知识员工创造力的影响及作用机制研究: 一个被中介的调节模型——基于社会认知的视角 [J]. 研究与发展管理, 2016, 28 (4): 106-116.

[44] 潘玮, 王伟, 于跃, 等. 社会网络视角下企业内部隐性知识共享效率的测度方法研究 [J]. 情报科学, 2014, 32 (8): 134-139.

[45] 秦红霞, 陈宝国. 企业内部知识共享网络模型分析 [J]. 情报杂志, 2010, 29 (5): 16-19, 31.

[46] 邱均平, 许丽敏, 陈瑞. 社会网络视角下企业内部知识共享机制研究 [J]. 图书情报工作, 2011, 55 (10): 25-29.

[47] 曲庆, 何志婵, 梅哲群. 谦卑型领导行为对领导有效性和员工组织认同影响的实证研究 [J]. 中国软科学. 2013 (7): 101-109.

[48] 任迎伟, 毛竹, 张碧倩. 创业团队异质性对创新绩效的影响

机制研究：战略柔性和制度环境的作用 [J]. 四川大学学报（哲学社会科学版），2019（6）.

[49] 任志安，毕玲. 网络关系与知识共享：社会网络视角分析 [J]. 情报杂志，2007（1）：75 – 78.

[50] 尚玉钒. 基于意义给赋的领导沟通过程对员工激励的作用机理研究 [J]. 管理学家（学术版），2010（10）：44 – 51.

[51] 沈超红，李永连，程飞. 非正式互动对团队创新绩效影响的实证研究 [J]. 科研管理，2021，42（2）：200 – 208.

[52] 沈旺，王淇，李望宁. 团队知识共享研究综述 [J]. 图书馆学研究，2017（18）：8 – 16，82.

[53] 施郁文. 谦卑型领导、员工心理安全与知识分享的关系研究 [J]. 江苏商论，2016（3）：72 – 74.

[54] 苏敬勤，林海芬. 管理者社会网络、知识获取与管理创新引进水平 [J]. 研究与发展管理，2011，23（6）：25 – 34.

[55] 唐汉瑛，龙立荣，周如意. 谦卑领导行为与下属工作投入：有中介的调模型 [J]. 管理科学，2015，28（3）：77 – 89.

[56] 王海花，谢富纪. 企业外部知识网络能力的结构测量——基于结构洞理论的研究 [J]. 中国工业经济，2012（7）：134 – 146.

[57] 王莉红，顾琴轩，郝凤霞. 团队学习行为、个体社会资本与学习倾向：个体创新行为的多层次模型 [J]. 研究与发展管理，2011，23（4），11 – 18.

[58] 王立生. 社会资本、吸收能力对知识获取和创新绩效的影响研究 [D]. 杭州：浙江大学，2007.

[59] 王平. 基于社会网络分析的组织隐性知识共享研究 [J]. 情报资料工作，2006（2）：102 – 104，107.

[60] 王蕊，褚福磊，郭名. 意义建构理论视角下谦卑领导对团队创新绩效的作用机制研究 [J]. 中国人力资源开发，2023，40（1）：59 – 72.

[61] 王蕊，叶龙．基于人格特质的科技人才创新行为研究［J］．科学管理研究，2014，32（4）：100－103．

[62] 王蕊．基于企业家精神视角的中小企业创新研究［J］．现代商业，2013（02）：87．

[63] 王士红，徐彪，彭纪生．组织氛围感知对员工创新行为的影响——基于知识共享意愿的中介效应［J］．科研管理，2013，34（5）：130－135．

[64] 王希泉，申俊龙，墨绍山．中小企业创业导向与技术创新绩效的影响研究——基于知识获取与整合的视角［J］．华东经济管理，2014，28（4）：92－97．

[65] 王兴元，姬志恒．跨学科创新团队知识异质性与绩效关系研究［J］．科研管理，2013，34（3）：14－22．

[66] 王艳艳，李锡元．知识共享与企业激励制度［J］．科技进步与对策，2004（4）：63－65．

[67] 王艳子，罗瑾琏，常涛．团队领导的社会网络连带对团队创造力的影响机理研究［J］．科学学与科学技术管理，2014，35（8）：144－151．

[68] 王艳子，罗瑾琏，李倩．"面子"文化情境下团队领导外部社会网络对团队创造力的影响［J］．中国科技论坛，2016（3）：145－149．

[69] 王艳子，田雅楠．谦卑型领导对员工知识共享的作用机制［J］．湖北经济学院学报，2018，16（6）：79－85．

[70] 王永伟．变革型领导行为与技术创新能力——组织学习倾向的中介效应及行业调节效应［J］．经济经纬，2016，33（1）：107－113．

[71] 韦于莉．知识获取研究［J］．情报杂志，2004（4）：41－43．

[72] 魏璐．参与式领导对团队创新绩效的影响——组织信任氛围的中介作用［J］．商，2012（21）：43．

[73] 温兴琦，王海军，郑昊．知识管理过程与创新：研究进展与未来展望［J］．深圳社会科学，2019（3）：47－59，156－157．

[74] 翁秀琪，李嘉维，施伯烨．合作式意义建构：从一个个案分析发现理论 [J]．新闻学研究，2011（1）：1－48.

[75] 吴磊，周空．家长式领导风格下知识共享行为研究：主管信任的中介效应 [J]．科技进步与对策，2016，33（13）：149－154.

[76] 吴晓冰．集群企业创新网络特征、知识获取及创新绩效关系研究 [D]．杭州：浙江大学，2009.

[77] 吴晓波，刘雪锋，胡松翠．全球制造网络中本地企业知识获取实证研究 [J]．科学学研究，2007（3）：486－492.

[78] 谢卫红，屈喜凤，李忠顺，王永健．知识共享国内研究综述 [J]．现代情报，2014，34（4）：170－176.

[79] 徐昊．服务型领导在员工创新过程中的研究 [D]．西安：西安电子科技大学，2014.

[80] 闫佳祺，罗瑾琏，贾建锋．组织情境因素联动效应对双元领导的影响——一项基于 QCA 技术的研究 [J]．科学学与科学技术管理，2018，39（4）：150－160.

[81] 杨陈，唐明凤．谦卑型领导与团队学习氛围：被调节的中介模型 [J]．研究与发展管理，2019，31（1）：138－147.

[82] 叶龙，王蕊．谦卑与领导有效性：变革型领导的中介作用 [J]．经济与管理研究，2016，37（9）：96－104.

[83] 尹飞．企业知识共享激励研究 [J]．商业文化（学术版），2009（6）：7－8.

[84] 于海波，郑晓明，李永瑞．家长式领导对组织学习的作用——基于家长式领导三元理论的观点 [J]．管理学报，2009，6（5）：664－670.

[85] 余光胜，刘卫，唐郁．知识属性、情境依赖与默会知识共享条件研究 [J]．研究与发展管理，2006（6）：23－29.

[86] 曾颖．家长式领导、员工间知识共享、企业创新绩效关系的实证研究 [D]．成都：西南财经大学，2012.

［87］詹景. 学习空间、团队学习对团队创新绩效的影响研究［D］. 北京：北方工业大学，2019.

［88］张润彤，朱晓敏. 知识管理学［M］. 北京：中国铁道出版社，2002.

［89］张艳清，张秀娟. 谦卑研究的前沿探析：基于资源观的企业竞争优势［J］. 商业经济与管理，2015（1）：27 - 34.

［90］赵蓓，陈三可. 内部知识多样性与组织突破式创新——外部知识获取与知识整合机制的调节作用［J］. 厦门大学学报（哲学社会科学版），2017（1）：58 - 68.

［91］郑小勇，楼鞅. 科研团队创新绩效的影响因素及其作用机理研究［J］. 科学学研究，2009，27（9）：1428 - 1438.

［92］钟竞，吴玥，罗瑾琏. 团队成员自发外部搜索的知识整合过程研究［J］. 科技进步与对策，2016，33（11）：129 - 135.

［93］周国华，马丹，徐进，等. 组织情境对项目成员知识共享意愿的影响研究［J］. 管理评论，2014，26（5）：61 - 70.

［94］周健明，陈明，刘云枫. 知识领导、团队知识分享与产品创新绩效关系探析［J］. 企业经济，2015（9）：120 - 125.

［95］朱良平. 双元领导与创新绩效——来自文化、环境、员工的协同效应［J］. 淮海工学院学报（人文社会科学版），2019，17（5）：5 - 8.

［96］朱少英，齐二石. 团队领导者行为与知识共享关系的实证研究［J］. 科学管理研究，2008（2）：68 - 71.

［97］朱少英，齐二石. 团队领导者行为与知识共享绩效关系的实证研究［J］. 现代管理科学，2008（8）：14 - 16.

［98］Amabile T M，Khaire M. Creativity and the Role of the Leader［J］. Harvard Business Review，2008，86（10）：204 - 210.

［99］Amabile T M. A Model of Creativity and Innovation in Organizations［J］. Research in Organizational Behavior，1988，10（10）：123 - 167.

［100］Amabile T M. Motivating Creativity in Organizations：On Doing

What You Love and Loving What You Do [J]. California Management Review, 1997, 40 (1): 39 – 58.

[101] Ancona D G, Caldwell D F. Bridging the Boundary: External Activity and Performance in Organizational Teams [J]. Administrative Science Quarterly, 1992, 37 (4): 634 – 665.

[102] Anderson N, West M A. The Team Climate Inventory: Development of the TCI and Its Applications in Teambuilding for Innovativeness [J]. European Journal of Work & Organizational Psychology, 1996, 5 (1): 53 – 66.

[103] Annadatha J V. Sociocultural Factors and Knowledge Sharing Behaviors in Virtual Project Teams [M]. Dissertations & Theses – Gradworks, 2013.

[104] Appelbaum S H, Reichart W. How to Measure an Organization's Learning Ability: The Facilitating Factors-part Ⅱ [J]. Journal of Workplace Learning, 1998, 10 (1): 15 – 28.

[105] Argyris C, Schon D A. Organisational Learning: A Theory of Action. [M]. Proceedings of the Physical Society of London, 1978.

[106] Atreyi Kankanhalli, Bernard C Y Tan Kwok – Kee Wei. Contributing Knowledge to Electronic Knowledge Repositories: An Empirical Investigation [J]. MIS Quarterly, 2005, 29 (1): 113 – 143.

[107] Audia P G, Goncalo J A. Past Success and Creativity over Time: A Study of Inventors in the Hard Disk Drive Industry [J]. Management Science, 2007, 53 (1).

[108] Bandura, Albert. Self-efficacy Conception of Anxiety [J]. Anxiety Research, 1988, 1 (2): 77 – 98.

[109] Bart V, Ridder J D. Knowledge Sharing in Context: the Influence of Organizational Commitment, Communication Climate and CMC Use on Knowledge Sharing [J]. Journal of Knowledge Management, 2004, 8 (6): 117 – 130.

[110] Bass B M, Bass Bernard M. Leadership and Performance Beyond

Expectations [J]. Academy of Management Review, 1985: 481 – 484.

[111] Bass B M. Does the transactional-transformational leadership para-digm transcend organizational and national boundaries? [J]. American psychol-ogist, 1997, 52 (2): 130.

[112] Belderbos R, Carree M, Lokshin B. Cooperative R&D and Firm Performance [J]. Research Policy, 2004, 33 (10): 1477 – 1492.

[113] Berchi cc i, L. Towards an open R&D system: Internal R&D In-vestment, External Knowledge Acquisition and Innovative Performance [J]. Research Policy, 2013, 42 (1): 117 – 127.

[114] Berg, John H, et al. Attributional Modesty in Women [J]. Psy-chology of Women Quarterly, 1981, 5 (5): 711 – 727.

[115] Birasnav M, Albufalasa M, Bader Y. The Role of Transformation-al Leadership and Knowledge Management Processes on Predicting Product and Process Innovation: An Empirical Study Developed in Kingdom of Bahrain [J]. Tékhne, 2013, 11 (2): 64 – 75.

[116] Blackler F. Knowledge, Knowledge Work and Organizations: An Overview and Interpretation [J]. Organization Studies, 1995, 16 (6): 1021 – 1046.

[117] Borman W C, Motowidlo S M. Expanding the Criterion Domain to Include Elements of Contextual Performance [J]. Personnel Selection in Organ-izations/Jossey – Bass, 1993: 71 – 98.

[118] Bosch F, Jansen J, George G, et al. Senior Team Attributes and Organizational Ambidexterity: The Moderating Role of Transformational Leader-ship [J]. Journal of Management Studies, 2010, 45 (5): 982 – 1007.

[119] Brickson S. The Impact of Identity Orientation on Individual and Organizational Outcomes in Demographically Diverse Settings [J]. Academy of Management Review, 2000, 25, 82 – 101.

[120] Bryant S E. The Role of Transformational and Transactional Lead-

ership in Creating, Sharing and Exploiting Organizational Knowledge [J]. Journal of Leadership & Organizational Studies, 2003, 9 (4): 32 – 44.

[121] Burns J M. Leadership [M]. New York: Harper&Row, 1978.

[122] Caloghirou Y, KastelliI, Tsakanikas A. Internal Capabilities and External Knowledge Sources: Complements or Substitutes for Innovative Performance? [J]. Technovation, 2004, 24 (1): 29 – 39.

[123] Carmeli A, Gelbard R, Reiter – Palmon R. Leadership, Creative Problem – Solving Capacity, and Creative Performance: The Importance of Knowledge Sharing [J]. Human Resource Management, 2013, 52 (1): 95 – 121.

[124] Cavaluzzo L. The Learning Advantage. Enhancing Team Performance [J]. Healthcare Forum Journal, 1996, 39 (5): 57 – 59.

[125] Chancellor J, Lyubomirsky S. Humble Beginnings: Current Trends, State Perspectives, and Hallmarks of Humility [J]. Social and Personality Psychology Compass, 2013, 7 (11): 819 – 833.

[126] Chandler G N, Honig B, Wiklund J. Antecedents, Moderators, and Performance Consequences of Membership Change in New Venture Teams [J]. Journal of Business Venturing, 2005, 20 (5): 705 – 725.

[127] Chandler G N, Mckelvie A, Davidsson P. Asset Specificity and Behavioral Uncertainty as Moderators of the Sales Growth—Employment Growth Relationship in Emerging Ventures [J]. Journal of Business Venturing, 2009, 24 (4): 373 – 387.

[128] Chatterjee A, Hambrick D C. It's All About Me: Narcissisticceos and Their Effects on Company Strategy and Performance [J]. Administrative Science Quarterly, 2007 (52): 351 – 386.

[129] Choi S Y, Lee H, Yoo Y. The Impact of Information Technology and Transactive Memory Systems on Knowledge Sharing, Application, and Team Performance: A Field Study [J]. MIS Quarterly, 2010, 34 (4): 855 – 870.

［130］ Christin N, Grossklags J, Chuang J. Near Rationality and Competitive Equilibria in Networked Systems ［C］//Proceedings of the ACM SIGCOMM Workshop on Practice and Theory of Incentives in Networked Systems. 2004: 213 - 219.

［131］ Chuang C H, Jackson S E, Jiang Y. Can Knowledge-intensive Teamwork be Managed? Examining the Roles of HRM Systems, Leadership, and Tacit Knowledge ［J］. Journal of Management, 2016, 42（2）: 524 - 554.

［132］ Chun Y H, Rainey H G. Goal Ambiguity and Organizational Performance in US Federal Agencies ［J］. Journal of Public Administration Research and Theory, 2005, 15（4）: 529 - 557.

［133］ Cohen, Wesley M, Levinthal, Daniel A. Absorptive Capacity: a New Perspective on Learning and Innovation ［J］. Administrative Science Quarterly, 1990, 35（1）: 128 - 152.

［134］ Collins N L, Miller L C. Self-disclosure and Liking: A Meta-analytic Review. ［J］. Psychological Bulletin, 1994, 116（3）: 457 - 475.

［135］ Collins, Jim. Good to Great ［J］. Fast Company, 2001, 45（6）: 1685 - 1692.

［136］ Cook S D N, Yanow D. Culture and Organizational Learning ［J］. Journal of Management Inquiry, 1993, 2（4）: 373 - 390.

［137］ Corbin J M, Strauss A. Grounded Theory Research: Procedures, Canons, and Evaluative Criteria ［J］. Qualitative sociology, 1990, 13（1）: 3 - 21.

［138］ Cropanzano R, Bowen D E, Gilliland S W. The Management of Organizational Justice ［J］. Academy of Management Perspectives, 2007, 21（4）: 34 - 48.

［139］ Cross R, Baird L. Feeding Organizational Memory: Improving on Knowledge Management's Promise to Business Performance ［M］. Strategic

Learning in a Knowledge Economy. Butterworth – Heinemann，2000：69 – 90.

[140] Crossan M，Lane H W，White R E，et al. An Organizational Learning Framework：From Intuition to Institution [J]. The Academy of Management Review，1999，24 (3)：522 – 537.

[141] Daft R L，Weick K E. Towards a Model of Organization as Interpretation Systems [J]. Academy of Management Review，1984，9 (2)：23 – 31.

[142] Damanpour F. Organizational Innovation：A Meta – Analysis of Effects of Determinants and Moderators [J]. The Academy of Management Journal，1991，34 (3)：555 – 590.

[143] Dane E，Pratt M G. Exploring Intuition and Its Role in Managerial Decision Making [J]. The Academy of Management Review，2007，32 (1)：33 – 54.

[144] Davenport T H，Prusak L. Working Knowledge：Managing What Your Organization Knows [M]. Boston，MA：Harvard Business School Press，1998.

[145] Davis D E，Everett L. Worthington Jr，Joshua N. Hook Humility：Review of Measurement Strategies and Conceptualization as Personality Judgment [J]. The Journal of Positive Psycholog，2010，5 (4)，243 – 252.

[146] Davis D E，Worthington E L，Hook J N，et al. Humility and the Development and Repair of Social Bonds：Two Longitudinal Studies [J]. Self & Identity，2013，12 (1)：58 – 77.

[147] Davis R S，Stazyk E C. Examining the Links between Senior Managers' Engagement in Networked Environments and Goal and Role Ambiguity [J]. Journal of Public Administration Research & Theory，2016 (3)：433 – 447.

[148] Day D V，Shleicher D J，Unckless A L，et al. Self-monitoring

Personality at Work: A Meta-analytic Investigation of Construct Validity. [J]. Journal of Applied Psychology, 2002, 87 (2): 390 – 401.

[149] Decuyper S, Dochy F, Bossche PVD. Grasping the Dynamic Complexity of Team Learning: An Integrative Model for Effective Team Learning in Organisations [J]. Educational Research Review, 2010, 5 (2): 111 – 133.

[150] Dervin B. Sense-making Theory and Practice: An Overview of User Interests in Knowledge Seeking and Use [J]. Journal of knowledge management, 1998, 2 (2): 36 – 46.

[151] Deutsch M. An Experimental Study of the Effects of Cooperation and Competition Upon Group Process [J]. Human Relation, 1949, 2 (3): 199 – 232.

[152] Ding Z, Ng F, Li J. A Parallel Multiple Mediator Model of Knowledge Sharing in Architectural Design Project Teams [J]. International Journal of Project Management, 2014, 32 (1): 54 – 65.

[153] Dong Y, Bartol K M, Zhang Z X, et al. Enhancing Employee Creativity via Individual Skill Development and Team Knowledge Sharing: Influences of Dual-focused Transformational Leadership [J]. Journal of Organizational Behavior, 2017, 38 (3): 439 – 458.

[154] Dweck C, Leggett E. A Social-cognitive Approach to Motivation and Personality [J]. Psychological Review, 1988, 95 (2): 256 – 273.

[155] Edmondson A C, Bohmer R M, Pisano G P. Learning New Technical and Interpersonal Routines in Operating Room Teams the Case of Minimally Invasive Cardiac Surgery [J]. Research on Managing Groups and Teams, 2001, 3: 29 – 51.

[156] Edmondson, A. Psychological Safety and Learning Behavior in Work Teams [J]. Administrative Science Quarterly, 1999, 44 (2), 350 – 383.

[157] Ehrenhard M L, Visser M. Enhancing Organizational Creation, Product Development and Success Through the use of Lean Startup in Relation to the Information Technology Sector [J]. Ferroelectrics, 2014, 270 (1): 129 – 134.

[158] Eppler M J, Sukowski O. Managing Team Knowledge: Core Processes, Tools and Enabling Factors [J]. European Management Journal, 2000, 18 (3): 334 – 341.

[159] Exline J J, Hill P C. Humility: A Consistent and Robust Predictor of Generosity [J]. Journal of Positive Psychology, 2012, 7 (3): 208 – 218.

[160] Exline J. J. , Yali A. M. , Sanderson W. C. Guilt, Discord, and Dlienation: the Role of Religious Strain in Depression and Suicidality [J]. Journal of Clinical Psychology, 2000, 56: 1481 – 1496.

[161] Exline J J, Geyer A L. Perceptions of Humility: A Preliminary Study [J]. Self and Identity, 2004, 3, 95 – 114.

[162] Faraj S, Sproull L. Coordinating Expertise in Software Development Teams [J]. Management science, 2000, 46 (12): 1554 – 1568.

[163] Fei, Zhou, Yenchun, et al. How Humble Leadership Fosters Employee Innovation Behavior: A Two-way Perspective on the Leader-employee Interaction [J]. Leadership & Organization Development Journal, 2018, 39 (3): 375 – 387.

[164] Fiedler F E. Validation and Extension of the Contingency Model of Leadership Effectiveness: A Review of Empirical Findings [J]. Psychological Bulletin, 1971, 76 (2): 128.

[165] Fiol C M, Lyles M A. Organizational Learning [J]. Academy of Management Review, 1985, 10 (4): 803 – 813.

[166] García – Morales V J, Llorens – Montes F J, Verdú – Jover A J. Antecedents and Consequences of Organizational Innovation and Organizational Learning in Entrepreneurship [J]. Industrial Management & Data Systems,

2006, 106 (1): 21 – 42.

[167] Gibson C, Vermeulen F. A healthy Divide: Subgroups as a Stimulus for Team Learning Behavior [J]. Administrative Science Quarterly, 2003, 48 (2): 202 – 239.

[168] Gilson L L, Shalley C E. A Little Creativity Goes a Long Way: An Examination of Teams' Engagement in Creative Processes [J]. Journal of Management, 2004, 30 (4): 453 – 470.

[169] Gioia D A, Chittipeddi K. Sensemaking and Sense Giving in Strategic Change Initiation [J]. Strategic Management Journal, 1991, 12 (6): 433 – 448.

[170] Gladstein D L. Groups in Context: A Model of Task Group Effectiveness [J]. Administrative Science Quarterly, 1984: 499 – 517.

[171] Goffman E. On face-work: An Analysis of Ritual Elements in Social Interaction [J]. Psychiatry, 1955, 18 (3): 213 – 231.

[172] Gonzalez – Mule E, Courtright S H, Degeest D, et al. Channeled Autonomy: The Joint Effects of Autonomy and Feedback on Team Performance Through Organizational Goal Clarity [J]. Journal of Management, 2014: págs. 2018 – 2033.

[173] Granovetter M S. The Strength of Weak Ties [J]. American Journal of Sociology, 1973, 78 (6): 1360 – 1380.

[174] Grant R M. Toward a Knowledge-based Theory of the Firm [J]. Strategic Management Journal, 1996, 17 (S2): 109 – 122.

[175] Gupta V, Singh S. How Leaders Impact Employee Creativity: A Study of Indian R&D Laboratories [J]. Management Research Review, 2013, 36 (1): 66 – 88.

[176] Hambrick, Donald C, Mason, Phyllis A. Upper Echelons: The Organization as a Reflection of its Top Managers [J]. Social Science Electronic Publishing, 1984, 9 (2): 193 – 206.

[177] Hanks, Steven H, Watson, Collin J, Jansen, Erik et al. Tightening the Life-cycle Construct: A Taxonomic Study of Growth Stage Configurations in High-technology Organizations [J]. Entrepreneurship Theory & Practice, 1993, 18 (2): 5 – 29.

[178] Hansen M T. Knowledge Networks: Explaining Effective Knowledge Sharing in Multiunit Companies [J]. Organization Science, 2002, 13: 232 – 248.

[179] Hansen M T. The search-transfer problem: The Role of Weak Ties in Sharing Knowledge Across Organization Subunits [J]. Administrative Science Quarterly, 1999, 44 (1): 82 – 111.

[180] He H, Baruch Y, Lin C P. Modeling Team Knowledge Sharing and Team Flexibility: The Role of Within-team Competition [J]. Human Relations, 2014, 67 (8): 947 – 978.

[181] Hendriks P. Why Share Knowledge? The Influence of ICT on the Motivation for Knowledge Sharing [J]. Knowledge and Process Management, 1999, 6 (2): 91 – 100.

[182] Hertog, Den P. Knowledge-intensive Business Services as Co – Producers of Innovation. [J]. International Journal of Innovation Management, 2000, 4 (4): 491 – 528.

[183] Hoegl M, Parboteeah K P. Goal Setting and Team Performance in Innovative Projects: On the Moderating Role of Teamwork Quality [J]. Small Group Research, 2003, 34 (1): 3 – 19.

[184] House R J, Filley A C, Gujarati D N. Leadership Style, Hierarchical Influence, and the Satisfaction of Subordinate Role Expectations: A Test of Likert's Influence Proposition. [J]. The Journal of Applied Psychology, 1971, 55 (5): 422 – 432.

[185] Hsu B F, Wu W L, Yeh R S. Team Personality Composition, Affective Ties and Knowledge Sharing: A Team-level Analysis [J]. Interna-

tional Journal of Technology Management, 2011, 53 (2/3/4): 331 – 351.

[186] Hu J, Erdogan B, Jiang K, et al. Leader Humility and Team Creativity: The Role of Team Information Sharing, Psychological Safety, and Power Distance [J]. Journal of Applied Psychology, 2018, 103 (3): 313.

[187] Huang H C, Lai M C, Kao M C, et al. A team-learning Framework for Business Model Innovation in an Emerging Market [J]. Journal of Management & Organization, 2014, 20 (1): 100 – 120.

[188] Huber G P. Organizational Learning: The Contributing Processes and the Literatures [J]. Organization Science, 1991, 2 (1): 88 – 115.

[189] Hulsheger Ute R, et al. Team – Level Predictors of Innovation at Work: A Comprehensive Meta – Analysis Spanning Three Decades of Research [J]. Journal of Applied Psychology, 2009, 94 (5): 1128 – 1145.

[190] Hussain K, Konar R, Ali F. Measuring Service Innovation Performance Through Team Culture and Knowledge Sharing Behaviour in Hotel Services: A Pls Approach [J]. Procedia Social & Behavioral Sciences, 2016, 224: 35 – 43.

[191] James H. Love and Brian Ashcroft. Market versus Corporate Structure in Plant-level Innovation Performance [J]. Small Business Economics, 1999, 13 (2): 97 – 109.

[192] Janssen O, Yperen N W V. Employees' Goal Orientations, the Quality of Leader – Member Exchange, and the Outcomes of Job Performance and Job Satisfaction [J]. Academy of Management Journal, 2004, 47 (3): 368 – 384.

[193] Jassawalla A R, Sashittal H C. Cross-functional Dynamics in New Product Development [J]. Research Technology Management, 2000, 43 (1): 46 – 49.

[194] Johnson D W, Johnson R T. Cooperation and Competition: Theory and Research [M]. Interaction Book Company, 1989.

[195] Johnson D W, Johnson R T. New Developments in Social Interdependence Theory [J]. Genetic, Social, and General Psychology Monographs, 2005, 131 (4): 285 - 358.

[196] Johnson David W. Social Interdependence: Interrelationships among Theory, Research, and Practice [J]. American Psychologist, 2003, 58 (11): 934 - 945.

[197] Johnson M H, Griffin R, Csibra G, et al. The Emergence of the Social Brain Network: Evidence from Typical and Atypical Development [J]. Development and Psychopathology, 2005, 17 (3): 599 - 619.

[198] Jong J D, Hartog D D. Leadership as a Determinant of Innovative Behaviour [J]. Scales Research Reports, 2003.

[199] Jong J, Hartog D. How Leaders Influence Employees' Innovative Behaviour [J]. European Journal of Innovation Management, 2007, 10 (1): 41 - 64.

[200] Jung C S. Extending the Theory of Goal Ambiguity to Programs: Examining the Relationship between Goal Ambiguity and Performance [J]. Public Administration Review, 2014, 74 (2): 205 - 219.

[201] Jung D I, Chow C, Wu A. The Role of Transformational Leadership in Enhancing Organizational Innovation: Hypotheses and Some Preliminary Findings [J]. Leadership Quarterly, 2003, 14 (4/ 5): 525 - 544.

[202] Kasl E, Marsick V J, Dechant K. Teams as Learners: A Research - Based Model of Team Learning [J]. Strategic Learning in A Knowledge Economy, 2000, 33 (2): 253 - 276.

[203] Katz R, Allen T J. Investigating the not Invented Here (NIH) Syndrome: A Look at the Performance, Tenure, and Communication Patterns of 50 R & D Project Groups [J]. 1982, 12 (1): 7 - 20.

[204] Kim D W. Leadership and Creativity: A History of the Cavendish Laboratory, [M]. Kluwer Academic Publishers, 2002: 1871 - 1919.

［205］ King L A, Hicks J A. Whatever Happened to "What Might Have Been"? Regrets, Happiness, and Maturity ［J］. American Psychologist, 2007, 62 (7): 625 –636.

［206］ Kipnis D. Does Power Corrupt? ［J］. Journal of Personality and Social Psychology, 1972, 24 (1): 33.

［207］ Kleingeld A, Van Mierlo H, Arends L. The Effect of Goal Setting on Group Performance: A Meta-analysis ［J］. Journal of Applied Psychology, 2011, 96 (6): 1289 –1304.

［208］ Langston C A, Cantor N. Social Anxiety and Social Constraint: When Making Friends is Hard ［J］. Journal of Personality & Social Psychology, 1989, 56 (4): 649 –661.

［209］ Lau D C, Liden R C. Antecedents of Coworker Trust: Leaders' Blessings ［J］. Journal of Applied Psychology, 2008, 93 (5): 1130.

［210］ Lei X, Liu W, Su T, Shan Z. Humble Leadership and Team Innovation: The Mediating Role of Team Reflexivity and the Moderating Role of Expertise Diversity in Teams ［J］. Frontiers in Psychology, 2022, 13, 726708.

［211］ Levine J M, Moreland R L. Culture and Socialization in Work Groups ［J］. Prespectives on Scoially Shared Cognition, 1991.

［212］ Lewin K. Psycho-sociological Problems of a Minority Group: Character & Personality ［J］. A Quarterly for Psychodiagnostic & Allied Studies, 1935.

［213］ Liao S H, Wu C. System Perspective of Knowledge Management, Organizational Learning, and Organizational Innovation ［J］. Expert Systems with Applications, 2010, 37 (2): 1096 –1103.

［214］ Lin Wang, Bradley P. Owens, Junchao (Jason) Li, et al. Exploring the Affective Impact, Boundary Conditions, and Antecedents of Leader Humility ［J］. Journal of Applied Psychology, 2018, 103 (9): 1019.

［215］ Liu Y, Keller R T, Shih H A. The Impact of Team-member Exchange, Differentiation, Team Commitment, and Knowledge Sharing on R&D Project Team Performance ［J］. R & D Management, 2011, 41 (3): 274 – 287.

［216］ Locke E A, Latham G P. Building a Practically Useful Theory of Goal Setting and Task Motivation: A 35 – year Odyssey ［J］. American Psychologist, 2002, 57 (9): 705 – 717.

［217］ Locke E A, Latham G P. Work Motivation and Satisfaction: Light at the End of the Tunnel ［J］. Psychological science, 1990, 1 (4): 240 – 246.

［218］ Locke E A, Motowidlo S J, Bobko P. Using Self – Efficacy Theory to Resolve the Conflict Between Goal – Settinting Theory and Expectancy Theory in Organizational Behavior and Industrial/Organizational Psychology ［J］. Journal of Social & Clinical Psychology, 2011, 4 (3): 328 – 338.

［219］ Locke, Edwin A, Latham, Gary P. New Developments in Goal Setting and Task Performance ［M］. Taylor and Francis, 2013.

［220］ Lounamaa P H, March J G. Adaptive Coordination of a Learning Team ［J］. Management Science, 1987, 33 (1): 107 – 123.

［221］ Lovelace K, Shapiro D L, Weingart L R. Maximizing Cross-functional New Product Teams' Innovativeness and Constraint Adherence: A Conflict Communications Perspective ［J］. Academy of Management Journal, 2001, 44 (4): 779 – 793.

［222］ Lu L, Leung K, Koch P T. Managerial Knowledge Sharing: The Role of Individual, Interpersonal, and Organizational Factors ［J］. Management & Organization Review, 2006, 2 (1): 15 – 41.

［223］ Lurdes Gonçalves, Filipa Brandão. The Relation Between Leader's Humility and Team Creativity: The Mediating Effect of Psychological Safety and Psychological Capital ［J］. International Journal of Organizational Analysis,

2017, 25 (4).

[224] Luthans F, Avolio B J. Authentic leadership development [J]. Positive organizational scholarship, 2003, 241 (258): 1 – 26.

[225] Lynn G S, Skov R B, Abel K D. Practices That Support Team Learning and Their Impact on Speed to Market and New Product Success [J]. Journal of Product Innovation Management, 1999, 16 (5): 439 – 454.

[226] Ma Z, Qi L, Wang K. Knowledge Sharing in Chinese Construction Project Teams and its Affecting Factors: An Empirical Study [J]. Chinese Management Studies, 2008.

[227] Maitlis S, Lawrence T B. Triggers and Enablers of Sense Giving in Organizations [J]. The Academy of Management Journal, 2007, 50 (1).

[228] Maitlis, S. The Social Processes of Organizational Sensemaking [J]. Academy of Management Journal, 2005, 48 (1), 21 – 49.

[229] Malhotra N, Birks D. Marketing Research: An Applied Perspective [J]. Harlow: Prentice Hall, year, 2006.

[230] Marks M A, Mathieu J E, Zaccaro S J. A Temporally Based Framework and Taxonomy of Team Processes [J]. Academy of Management Review, 2001, 26 (3): 356 – 376.

[231] Markus H R, Kitayama S. Culture and The Self: Implications for Cognition, Emotion, and Motivation [J]. Psychological Review, 1991, 98 (2): 224 – 253.

[232] Meagher B R, Leman J C, Bias J P, et al. Contrasting Self-report and Consensus Ratings of Intellectual Humility and Arrogance [J]. Journal of Research in Personality, 2015, 58: 35 – 45.

[233] Mengis J, Eppler M J. Understanding and Managing Conversations from a Knowledge Perspective: An Analysis of the Roles and Rules of Face-to-face Conversations in Organizations [J]. Organization Studies, 2008, 29 (10): 1287 – 1313.

[234] Messmann G, Mulder R H. Conditions for Apprentices' Learning Activities at Work [J]. Journal of Vocational Education & Training, 2015, 67 (4): 578 – 596.

[235] Michel A, Bosch C, Rexroth M. Mindfulness as a Cognitive-emotional Segmentation Strategy: An Intervention Promoting Work-life Balance [J]. Journal of Occupational and Organizational Psychology, 2014, 87 (4): 733 – 754.

[236] Morris J A, Brotheridge C M, Urbanski J C. Bringing Humility to Leadership: Antecedents and Consequences of Leader Humility [J]. Human Relations, 2005, 58: 1323 – 1350.

[237] Mueller J. A Specific Knowledge Culture: Cultural Antecedents for Knowledge Sharing Between Project Teams [J]. European Management Journal, 2014, 32 (2): 190 – 202.

[238] Mueller, Julia. Knowledge Sharing Between Project Teams and Its Cultural Antecedents [J]. Journal of Knowledge Management, 2012, 16 (3): 183 – 201.

[239] Mykytyn P P, Mykytyn K, Raja M K. Knowledge Acquisition Skills and Traits: A Self-assessment Of Knowledge Engineers [J]. Information & Management, 1994, 26 (2): 95 – 104.

[240] Nahapiet J, Ghoshal S. Social Capital, Intellectual Capital, and The Organizational Advantage [J]. The Academy of Management Review, 1998, 23 (2): 242 – 266.

[241] Nguyen H N, Mohamed S. Leadership Behaviors, Organizational Culture and Knowledge Management Practices an Empirical Investigation [J]. The Journal of Management Development, 2011, 30 (2): 206 – 221.

[242] Nielsen R, Marrone J, Slay H. A New Look Athumility: Exploring the Humility Concept and Its Role in Socialized Charismatic Leadership [J]. Journal ofLeadership and Organizational Studies, 2010, 17: 33 – 43.

[243] Nielsen, Rob, Marrone, et al. Humility: Our Current Understanding of the Construct and its Role in Organizations [J]. International Journal of Management Reviews, 2018, 20 (4): 805 – 824.

[244] Noruzy A, Dalfard V M, Azhdari B, et al. Relations Between Transformational Leadership, Organizational Learning, Knowledge Management, Organizational Innovation, and Organizational Performance: An Empirical Investigation of Manufacturing Firms [J]. International Journal of Advanced Manufacturing Technology, 2013, 64 (5 – 8): 1073 – 1085.

[245] Oc B, Bashshur M R, Daniels M A, et al. Leader Humility in Singapore [J]. The Leadership Quarterly, 2015, 26 (1): 68 – 80.

[246] Offenbeek V, Marjolein. Processes and Outcomes of Team Learning [J]. European Journal of Work & Organizational Psychology, 2001, 10 (3): 303 – 317.

[247] Onyemah V. Role Ambiguity, Role Conflict, and Performance: Empirical Evidence of an Inverted – U Relationship [J]. The Journal of Personal Selling and Sales Management, 2008, 28 (3): 299 – 313.

[248] Ou A Y, Tsui A S, Kinicki A J, et al. Humble Chief Executive Officers' Connections to Top Management Team Integration and Middle Managers' Responses [J]. Administrative Science Quarterly, 2014, 59 (1): 34 – 72.

[249] Ou Y, Tsui A S, Kinicki A J, et al. CEO Humility and Its Relationship with Middle Manager Behaviors and Performance: Examining the CEO – Middle Manager Interface [D]. Arizona State University, 2011.

[250] Ou A Y. , Waldman D A. , Peterson S J. Do Humble CEOs Matter? An examination of CEO Humility and Firm Outcomes. Journal of Management, 2018, 44 (3), 1147 – 1173.

[251] Owens B P, Hekman D R. How Does Leader Humility Influence Team Performance? Exploring the Mechanisms of Contagion and Collective Pro-

motion Focus [J]. Academy of Management Journal, 2016, 59 (3): 1088 – 1111.

[252] Owens B P, Hekman D R. Modeling How to Grow: An Inductive Examination of Humble Leader Behaviors, Contingencies, and Outcomes [J]. Academy of Management Journal, 2012, 55 (4): 787 – 818.

[253] Owens B P, Johnson M D, Mitchell T R. Expressed Humility in Organizations: Implications for Performance, Teams, and Leadership [J]. Organization Science, 2013, 24 (5): 1517 – 1538.

[254] Owens B P. Humility in Organizational Contexts: Scale Development and Construct Validation [Z]. Paper Presented at the Annual Conference of Academy of Management, Chicago, 2009.

[255] Patterson M G, West M A, Shackleton V J, et al. Validating the Organizational Climate Measure: Links to Managerial Practices, Productivity and Innovation [J]. Journal of Organizational Behavior, 2005, 26 (4): 379 – 408.

[256] Pawlak Z. Rough Sets and Intelligent Data Analysis [J]. Information Sciences, 2002, 147 (1 – 4): 1 – 12.

[257] Peterson C, Park N. Positive Psychology as the Evenhanded Positive Psychologist Views It [J]. Psychological Inquiry, 2003, 14 (2): 143 – 147.

[258] Peterson C, Seligman M E P. Character Strengths and Virtues: A Handbook and Classification. [M] Washington, DC: American Psychological Association; New York: Oxford University Press. 2004.

[259] Pinjani P, Palvia P. Trust and Knowledge Sharing in Diverse Global Virtual Teams [J]. Information & Management, 2013, 50 (4): 144 – 153.

[260] Politis, John D. The Relationship of Various Leadership Styles to Knowledge Management [J]. Leadership & Organization Development Journal,

2001, 22 (8): 354 - 364.

[261] Prokesch S E. Unleashing the Power of Learning: An Interview with British Petroleum's John Browne [J]. Harvard Business Review, 1997, 75 (5): 147 - 168.

[262] Rank J, Nelson N E, Allen T D, et al. Leadership Predictors of Innovation and Task Performance: Subordinates' Self-esteem and Self-presentation As Moderators [J]. Journal of Occupational and Organizational Psychology, 2009, 82 (3): 465 - 489.

[263] Rego A, Owens B, Leal S, et al. How Leader Humility Helps Teams to Be Humbler, Psychologically Stronger, and More Effective: A Moderated Mediation Model [J]. Leadership Quarterly, 2017, 28 (5): 639 - 658.

[264] Robert Baum J, Wally S. Strategic decision speed and firm performance [J]. Strategic Management Journal, 2003, 24 (11): 1107 - 1129.

[265] Rowatt W C, Powers C, Targhetta V, et al. Development and Initial Validation of an Implicit Measure of Humility Relative to Arrogance [J]. The Journal of Positive Psychology, 2006, 1 (4): 198 - 211.

[266] Rusly F H, Corner J L, Sun P. Positioning Change Readiness in Knowledge Management Research [J]. Journal of Knowledge Management, 2012, volume 16 (2): 329 - 355.

[267] Russell D M, Stefik M J, Pirolli P, et al. Cost Structure of Sensemaking [C]. International Conference on Human-computer Interaction, April, Amsterdam, the Netherlands, Jointly Organised with Acm Conference on Human-computer Interaction, Interact. ACM, 1993.

[268] Sackmann S A, Friesl M. Exploring Cultural Impacts on Knowledge Sharing Behavior in Project Teams - Results from A Simulation Study [J]. Journal of Knowledge Management, 2007, 11 (6): 142 - 156.

[269] Sahaya N. A Learning Organization as a Mediator of Leadership Style and Firms' Financial Performance [J]. International Journal of Business & Management, 2012, 7 (14).

[270] Sandage S J, Wiens T W. Contextualizing Models of Humility and Forgiveness: A Reply to Gassin [J]. Journal of Psychology and Theology, 2001, 29: 201 – 211.

[271] Schein E H. Humble consulting. [M]. Oakland, CA: Berrett – Koehler, 2016.

[272] Schilling J, Kluge A. Barriers to Organizational Learning: An Integration of Theory and Research [J]. International Journal of Management Reviews, 2009, 11 (3): 337 – 360.

[273] Schyns B, Sanders K. In the Eyes of the Beholder: Personality and the Perception of Leadership [J]. Journal of Applied Social Psychology, 2007, 37: 2345 – 2363.

[274] Seers A, Petty M M, Cashman J F. Team-member Exchange Under Team and Traditional Management: A Naturally Occurring Quasi-experiment [J]. Group & Organization Management, 1995, 20 (1): 18 – 38.

[275] Sen F, Rubenstein A H. An Exploration of Factors Affecting the Integration of In-house R&D with External Technology Acquisition Strategies of a Firm [J]. IEEE Transactions on Engineering Management, 1990, 37 (4): 246 – 258.

[276] Senge P M. The Firth Discipline: The Art and Practice of the Learning Organisation: Book Review [J]. Consulting Psychology Journal Practice and Research, 1991, 30 (5): 37.

[277] Sergeeva A, Andreeva T. Knowledge Sharing Research [J]. Journal of Management Inquiry, 2016, 25 (3): 240 – 261.

[278] Shin S E, Zhou J. Transformational Leadership, Conservation, and Creativity Evidence from Korea [J]. Academy of Management Journal,

2003, 46: 703 – 714.

[279] Shin S J, Zhou J. When is Educational Specialization Heterogeneity Related to Creativity in Research and Development Teams? Transformational Leadership as a Moderator [J]. Journal of Applied Psychology, 2007, 92 (6): 1709 – 1721.

[280] Simon F, Tellier A. "Balancing Contradictory Temporality During the Unfold of Innovation Streams" [J]. International Journal of Project Management, 2016, 34 (6): 983 – 996.

[281] Sitkin S B. Learning Through Failure: The Strategy of Small Losses [J]. Research in Organizational Behavior, 1992, 14: 231 – 266.

[282] Solli – Sæther H, Karlsen J T, van Oorschot K. Strategic and Cultural Misalignment: Knowledge Sharing Barriers in Project Networks [J]. Project Management Journal, 2015, 46 (3): 49 – 60.

[283] Staples D S, Webster J. Exploring the Effects of Trust, Task Interdependence and Virtualness on Knowledge Sharing in Teams [J]. Information systems journal, 2008, 18 (6): 617 – 640.

[284] Stazyk E C, Goerdel H T. The Benefits of Bureaucracy: Public Managers' Perceptions of Political Support, Goal Ambiguity, and Organizational Effectiveness [J]. Journal of Public Administration Research and Theory, 2011, 21 (4): 645 – 672.

[285] Strauss A L. Qualitative analysis for social scientists [M]. Cambridge University Press, 1987.

[286] Sundstrom E, Meuse K P D, Futrell D. Work Teams: Applications and Effectiveness [J]. American Psychologist, 1990, 45 (2): 120 – 133.

[287] Svetlik I, Stavrou – Costea E. Connecting Human Resources Management and Knowledge Management [J]. International Journal of Manpower, 2007, 28 (3/4): 197 – 206.

[288] Tang C Y, Shang J, Naumann S E, et al. How Team Identification and Expertise Identification Affect R&D Employees' Creativity [J]. Creativity & Innovation Management, 2014, 23 (3): 276 – 289.

[289] Tangney J P. Humility: Theoretical Perspectives, Empirical Findings, and Directions for Further Research [J]. Journal of Social and Clinical Psychology, 2000, 19, 70 – 82.

[290] Tharnpas S, Sakun B. A Study of CEO Transformational Leadership, Organizational Factors and Product Innovation Performance: Scale Development and a Theoretical Framework [J]. International Journal of Innovation Science, 2015, 7 (2): 107 – 126.

[291] Torraco, Richard J, Swanson, Richard A. The Strategic Roles of Human Resource Development [J]. Human Resource Planning, 1995, 18.

[292] Tsai, Yingchih. The Study of the Relationship Among Human Resource Strategy, Knowledge-oriented Culture, Knowledge Sharing Obstructions, and Knowledge Sharing Willingness [J]. Human Resource Management, 2002.

[293] Vandewalle D. Why Wanting to Look Successful Doesn't Always Lead to Success [J]. Organizational Dynamics, 2001, 30 (2): 162 – 171.

[294] Vera D, Rodriguez – Lopez A. Strategic Virtues: Humility as a Source of Competitive Advantage [J]. Organizational Dynamics, 2004, 33 (4): 393 – 408.

[295] Viitala, Riitta. Towards knowledge leadership [J]. Leadership & Organization Development Journal, 2004, 25 (6): 528 – 544.

[296] Von Krogh, Georg. Care in Knowledge Creation [J]. California Management Review, 1998, 40 (3): 133 – 153.

[297] Vries R, Hooff B, Ridder J. Explaining Knowledge Sharing: The Role of Team Communication Styles, Job Satisfaction, and Performance Beliefs [J]. Communication Research, 2006, 33 (2).

[298] Wang C, Rodan S, Fruin M et al. Knowledge Networks, Collaboration Networks, and Exploratory Innovation [J]. The Academy of Management Journal, 2014, 57 (2): 484 – 514.

[299] Wang S, Noe R A. Knowledge Sharing: A Review and Directions for Future Research [J]. Human Resource Management Review, 2010, 20 (2): 115 – 131.

[300] Wang Y, Liu J, Zhu Y. How does Humble Leadership Proote Follower Creativity? The Roles of Psychological Capital and Growth Need Strength [J]. Leadership & Organization Development Journal. 2018, 39 (4), 507 – 521.

[301] Weick K E, Sutcliffe K M, Obstfeld D. Organizing and the Process of Sensemaking [J]. Organization Science, 2005, 16 (4): 409 – 421.

[302] Weick K E, Westley F. Organizational Learning: Affirming an Oxymoron [J]. Sage: London, 1996: 440 – 458.

[303] Weick K E. Sensemaking in Organizations [J]. Administrative Science Quarterly, 1995, 23 (6).

[304] Weick, K. E. The Collapse of Sensemaking in Organizations: The Mann Gulch Disaster [J]. Administrative Science Quarterly, 1993, 38 (4): 628 – 652.

[305] Weingart L R, Weldon E. Processes That Mediate the Relationship Between a Group Goal and Group Member Performance [J]. Human Performance, 1991, 4 (1): 33 – 54.

[306] West M A, Borrill C S, Dawson J F et al. Leadership Clarity and Team Innovation in Health Care [J]. Leadership Quarterly, 2003, 14 (4): 393 – 410.

[307] Wickramasinghe V, Widyaratne R. Effects of Interpersonal Trust, Team Leader Support, Rewards, and Knowledge Sharing Mechanisms on Knowledge Sharing in Project Teams [J]. Vine, 2012, 42 (2): 214 – 236.

[308] Wong S S. Distal and Local Group Learning: Performance Trade-offs and Tensions [J]. Organization Science, 2004, 15 (6): 645 - 656.

[309] Wu W L, Yeh R S, Huang C C. Fostering Knowledge Sharing to Encourage R&D Team Learning [C]//Management of Engineering & Technology, Portland International Center for. IEEE, 2007.

[310] Yang J T. Knowledge Sharing: Investigating Appropriate Leadership Roles and Collaborative Culture [J]. Tourism Management, 2007, 28 (2): 530 - 543.

[311] Yang J, Treadway D C. A Social Influence Interpretation of Workplace Ostracism and Counterproductive Work Behavior [J]. Journal of Business Ethics, 2018, 148 (4): 879 - 891.

[312] Yuan F, Woodman R W. Innovative Behaviour in Workplace: The Role of Performance and Image Outcome Expectations. 2010, 53 (2): 323 - 342.

[313] Zareie B, Navimipour N J. The Effect of Electronic Learning Systems on the Employee's Commitment [J]. International Journal of Management Education, 2016, 14 (2): 167 - 175.

[314] Zellmer - Bruhn M E. Interruptive events and team knowledge acquisition [J]. Management Science, 2003, 49 (4): 514 - 528.

[315] Zellmer - Bruhn M, Gibson C B. Multinational Organization Context: Implications for Team Learning and Performance [J]. The Academy of Management Journal, 2006, 49 (3): 501 - 518.

[316] Zhang L, Cheng J. Effect of Knowledge Leadership on Knowledge Sharing in Engineering Project Design Teams: The Role of Social Capital [J]. Project Management Journal, 2015, 46 (5): 111 - 124.

[317] Zhou F, Wu Y J. How Humble Leadership Fosters Employee Innovation Behavior: A Two-way Perspective on the Leader-employee Interaction [J]. Leadership & Organization Development Journal, 2018, 39 (3): 375 - 387.